人生100年時代BOOKS

# 定年英語

英語が話せなかったサラリーマンが
なぜ定年後に同時通訳者になれたのか

田代真一郎



Discover

# プロローグ

私は60歳で会社を定年退職したあと、プロ通訳者としての道を歩みはじめました。といっても、何も格別、英語の素養があったわけではありません。定年までは、自動車会社で働く普通のサラリーマンでした。

大学の専攻は機械工学、会社では長くトランスミッション（変速機）や駆動系の開発、設計を専門にしてきた生粋のエンジニアです。

海外に住んだ経験はなく、もちろん帰国子女でもありません。最初に飛行機に乗ったのも、30歳を過ぎてからのことでした。

そのころ、初めて仕事で海外に行く機会がめぐってきたのですが、当時の英語力は、受験勉強で無理やり鍛えたわずかな蓄積のみ。辞書と首っ引きで、かろうじて読み書きはできるのですが、「聞く、話す」となると、まったく歯が立ちませんでした。

そんな状態ですから、重度の外国人恐怖症。仕事でも外国人との接触は、極力避けるようにしていました。

当時ＴＯＥＩＣを受験していたら、おそらく３００点台、よくて４００点台の前半あたりだっただろうと思います。30歳のころは、とにかく英語にまったく自信がなかったのです。

そんな私が、現在はプロの通訳者です。定年後、すぐに受けたＴＯＥＩＣで満点を取り、今ではブースに入って同時通訳もやります。自分で言うのも何ですが、仕事として立派に成立しています。

クライアント（通訳業界ではお客さまのことをこう呼びます）やエージェント（通訳者に仕事を斡旋してくれる会社です）からも信頼をいただき、ありがたいことに、リピートの仕事や指名も入ります。

## 定年後のエンジニアが、なぜ通訳者になれたのか

定年まではサラリーマンエンジニア。定年後は職業通訳者。まさに、180度の転換です。

60歳という決して若くはない年齢で、どうしてそんなことが可能になったのでしょうか？

その答えが、本書の主題である**「仕事を通じて英語を身につける」**にあります。

私が英語を身につけることができたのは、仕事を通じてでした。といっても、会社で英語を専門にしていたわけではありません。自分の専門である自動車の技術やビジネスの現場を通じて英語が身についたのです。

サラリーマン時代には特に意識したことはなかったのですが、**実は仕事こそが英語を身につける最高の機会だったのです。**

ちょうど50歳になったころ、突然転機が訪れました。勤めていた会社が海外自動車メーカーの傘下に入り、仕事で本格的に英語を使わざるを得ない状況に陥ったのです。それまでは考えたこともなかった外資系。サラリーマンとしては、大きな環境変化です。

私にとっては難しい時代でしたが、いま思えば、この50歳当時から外資が撤退するまでの数年間の経験が、私のその後の英語コミュニケーション力の基礎となり、定年後の人生までも決定してしまったのです。

外資の傘下にあったとき、私は彼らと共同で車を開発するプロジェクトに参画しました。そうなると当然、仕事を進めるには英語でのコミュニケーションが不可欠になります。仕事という目的のために、英語という手段が必要になったのです。

そのため、**総花的な英語学習ではなく、仕事という限定されたニーズから英語に入ったのがよかったのでしょう。**

どうすれば、目の前の懸案についてわかりやすい英語で話せるだろうか？
円滑なコミュニケーションのために、何をどのように準備すればよいのだろうか？
そうしたことを仕事の中で考え、実践してきたことの積み重ねが、私の英語力のバックボーンになっていきました。

本書で述べる語彙力の獲得方法、「イメージ・トランスレーション」という会話力を磨く手法などは、もともとこのときの経験の中で発想したものです。

仕事を進めるニーズにかられて実行してきたことですが、英語でのコミュニケーション力を伸ばし、かつ英語力そのものを鍛えるのには最良の方法でした。

プロの通訳者となった今でも、現場に出る前には、毎回このときに身につけた学習方法を踏襲し、準備をしています。

そのころまでの私は、外国人とのコミュニケーションといえば、英語力がすべてだと思っていました。しかし、それは間違いでした。

**コミュニケーション力は、決して英語力だけで決まるものではありません。**それは、英語力と知識のかけ算です。

英語がいくら上手でも、中身の知識が乏しいと、なかなか相手には伝わりません。逆に、たとえ英語力が十分でなくとも、中身の知識があれば、質の高いコミュニケーションが取れるのです。

そして、**仕事を持つ人の特筆すべきアドバンテージは、英語コミュニケーション力の重要な一翼を担う知識が、すでに高いレベルで備わっているということです。**

おまけに、仕事に関係があり、知識もある分野であれば、英語力自体を伸ばすのも、実は非常に楽なのです。よく知っていることは、英語でも話しやすい。

**自分の仕事のことは、本来いちばん英語で話しやすい話題なのです。**

## 仕事を通じて蓄えた知識は最高のアドバンテージ

50歳を過ぎたサラリーマンエンジニアに、定年後プロ通訳者としてやれるだけの英

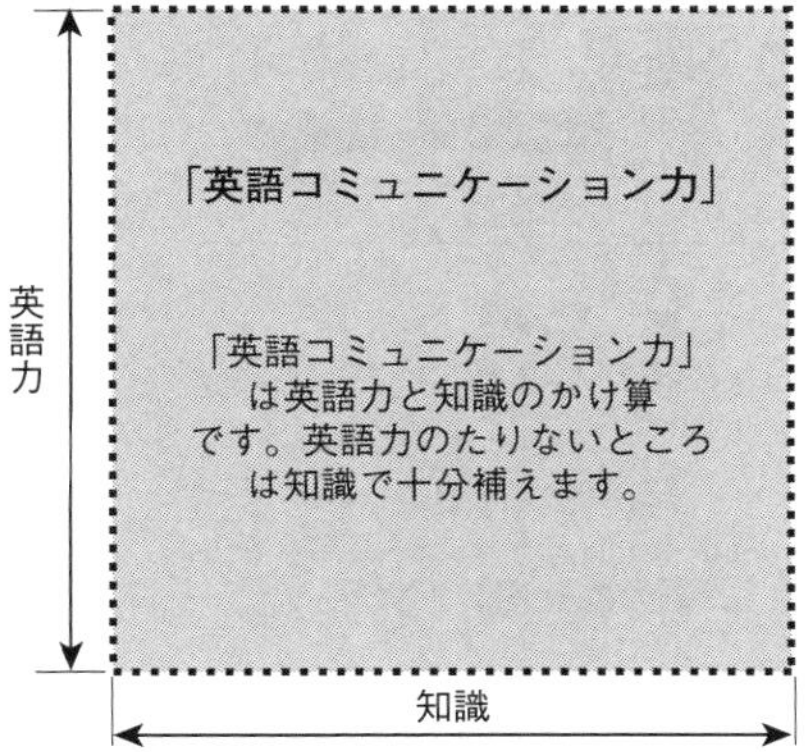
「英語コミュニケーション力」
英語力
「英語コミュニケーション力」
は英語力と知識のかけ算
です。英語力のたりないところ
は知識で十分補えます。
知識

**図1. 英語コミュニケーション力は、英語力と知識のかけ算**

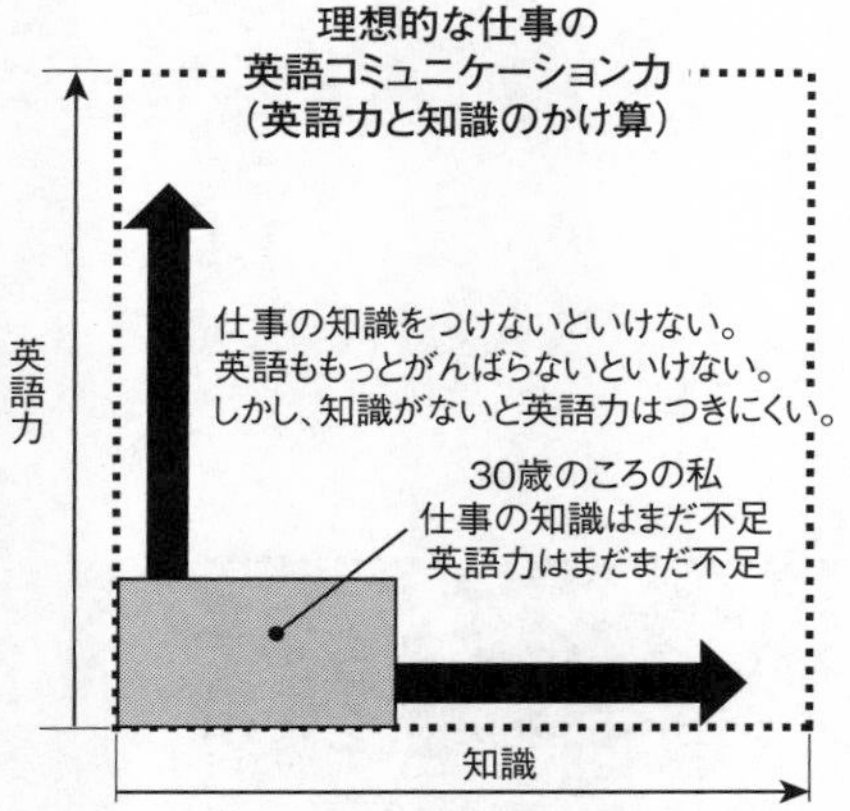


図2．30歳のころ
知識も英語もがんばらないといけない

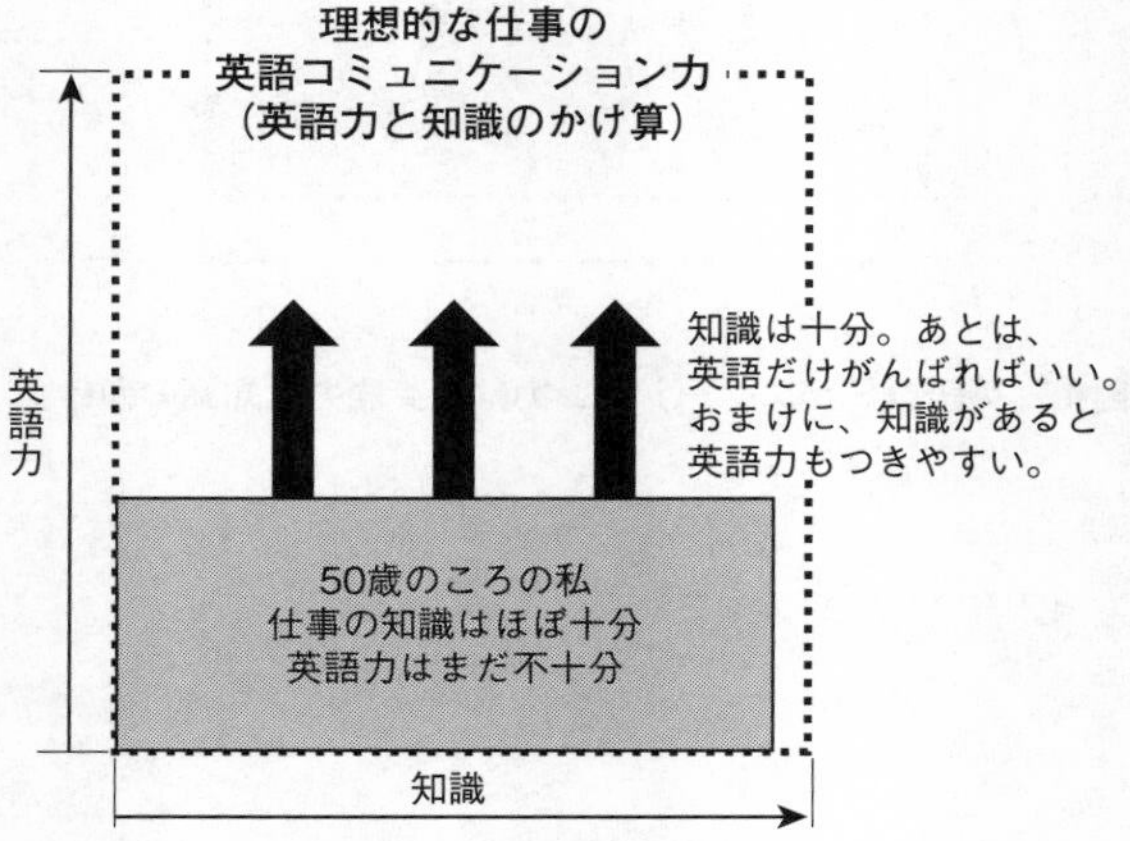


図3．50歳のころ
知識は十分　あとは英語だけがんばればいい

語力が身についた理由、それはひとえに「仕事」と、そこで得た「知識」にあります。その年齢までに、仕事で蓄えてきた知識と経験が、コミュニケーションの力を支え、また短期間のうちに英語力自体も向上させる力になったのです。

一般にはあまり認識されていませんが、仕事には必然的に英語が上達する要素がいくつも含まれています。**その第一が「知識」です。**

誰でも、自分の仕事に関しては豊富な知識を持っています。知識があれば、論理的に話ができます。「論理的に話せる」とは、わかりやすく説得力があるということです。

それに、知識があれば、英語力に左右されることなく、いろいろな言い方が可能になります。話し方に多様性、柔軟性が生まれるのです。

知識があれば、話の展開も予測できます。先が読めるので、英語を聞くときも話すときも負担が少ないのです。

一つ簡単な例をあげましょう。「西の方から雨雲が近づいています」を英語に訳してみてください。

答えは、「The rain clouds are approaching from the west.」です。しかし、もしこれを誰かが「It may begin to rain soon.」と訳したらどうでしょう。日本語の意味は「もうすぐ雨が降るかもしれません」です。

学校の試験なら、残念ながら0点でしょう。でも、コミュニケーションの英語なら許される。むしろ、その方が意味が通りやすい場合だってあるのです。

文脈中の意味という観点からは、「西の方から雨雲が近づいています」と「もうすぐ雨が降るかもしれません」は同義です。

しかし、「天気は西から変わる」ということを知らなければ、「西の方から雨雲が近づいています」を「It may begin to rain soon.」とは言えません。

このように、**知識があればあるほど、表現の幅は広がる、発想できる文の選択肢が増えるのです。**知識があるからこそできる言い換え、仕事の英語が話しやすい道理がここにあります。

知識のアドバンテージを生かせば、英語を学びはじめるのに遅すぎるということはありません。むしろ、知識や経験が十分身についてからこそが、英語学習適齢期と言ってもいいくらいです。


知識以外にも、仕事を通じて英語が身につく理由はいくつもあります。英語を使う機会も、何といっても仕事の場が多いはずです。**仕事のニーズがあるからこそ学び、そして学んだことを何度も使うから、力がついていくのです。**

それから、学習継続のモチベーション。仕事で使うとなると、やる気もグンと高まります。

そして、仕事の英語はいつもリアルです。話したことには、具体的な結果がついてきます。言いっぱなし、やりっぱなしではすまないのです。

だから、仕事の英語は教室の英語よりずっと密度が濃い。短期間で実力がつくゆえんです（くわしくは、第2章でお話しします）。

グローバル化が喧伝される昨今、英語はさまざまな場面で大いに役に立ちますし、自分自身の可能性も広げてくれます。

多くの日本人が英語を身につけて、世界中の人たちとコミュニケーションが取れるようになったら、本人にとってはもちろんのこと、企業にとっても、日本にとっても、その恩恵は計り知れません。

現在、英語で苦労されている（今後、苦労しそうな）サラリーマンのみなさん、英語を活かして何かできないかとお考えの主婦のみなさん、そして英語は得意だけれど、もっと上を目指したいとお考えのあなたに、ぜひ本書の内容を参考にしていただきたいと思っています。

## 本書の構成

本題を始める前に、少しお時間を頂いて、まずは第1章「理系エンジニアだった私が、定年後に通訳者になるまで」で、英語が苦手だった普通のサラリーマンエンジニアが、定年後にプロ通訳者になるまでの、山あり谷ありの物語からお読みいただけたらと思います。

次の第2章「仕事を通じて英語が身につく5つの理由 ― Why? ―」では、**「仕事だからこそ、英語が身につく合理的な理由がある」**ということについてくわしくお話しします。

そして第3章「仕事を通じて英語を身につける4つの勉強法 ― How? ―」では、**「仕事だからこそできる有効な英語学習方法」**について具体的にご紹介していきます。

なお、現在、職に就いていない方は、「仕事」を「興味の対象（好きなこと、やりたいこと）」と読み替えていただけるといいでしょう。

なぜ英語の習得に仕事（興味の対象）がよいのか、その理由を理解し、具体的な学習方法を知ってください。そしてそれをご自身の仕事（興味の対象）に生かしてください。

**あなたの仕事、あるいは興味の対象が、英語を身につける最高の題材であり、フィールドです。**

本書が、グローバル世界でのみなさんの活躍の場を広げ、さらには人生の可能性を広げることに少しでもお役に立つならば、これほどうれしいことはありません。

定年英語　英語が話せなかったサラリーマンがなぜ定年後に同時通訳者になれたのか　目次

## プロローグ



## 第1章　理系エンジニアだった私が、定年後に通訳者になるまで

# 第2章 仕事を通じて英語が身につく 5つの理由—Why?—

## 第3章 仕事を通じて英語を身につける4つの勉強法―How?―

# 第1章

# 理系エンジニアだった私が、定年後に通訳者になるまで

## 英語の勉強を始めるのに年齢は関係ない

第1章では私自身のことを、英語に関することを中心に少し知っていただこうと思います。30歳まで英語に何の興味もなかった私が、その英語に仕事で初めてかかわらざるを得なくなったところから始めていきます。そして、最終的に定年後にプロ通訳者となって現在に至るまでのお話です。

そこには、ある程度年齢を重ねてから英語を勉強しはじめた学習者が共通して行き当たる壁があり、その壁を打ち破るヒントが隠されています。

私は、英語の勉強を始めるのに年齢は関係ないと思っています。遅く始めても身につく人は身につく。

**最初から、何でも話せるようになってやろうとやみくもに勉強を始めるのではなく、**

**伝えたいこと、いま必要なことだけが話せるようになればいい、と思って始めればいいのです。**

英語力の足らないところは、これまでに培ってきた知識が補ってくれます。知っていることは話しやすいものです。**よく知っていることを英語で話す――それを繰り返す。**これが、遅くに勉強を始めた人に求められる取り組み姿勢だと思っています。

私の経験からいっても、始める年齢は30歳なら御の字です。お釣りが来ます。そのころの私は、英語はまったく話せませんでしたから。

本格的に英語に取り組みはじめたのは、50歳になってからです。年齢的には相当遅いですが、それでも英語は身につきました。

まずは30歳。私の英語力がどれほどお粗末なレベルだったのか、そこから話を始めていきましょう。

## 【30歳】英語はまったく話せなかった

### ある日突然、GEとの提携話

今から30年以上も前のことです。そのころ、私は造船とプラントエンジニアリングの会社に勤めていました。仕事は、蒸気タービンの設計です。

蒸気タービンとは、船を動かしたり、発電機を回したりする際に使われる動力発生機械です。高温・高圧の蒸気をエネルギー源として、ローターと呼ばれる回転体を回し、それがその先につながる船のプロペラや発電機を駆動するのです。

技術の話はさておき、そんな蒸気タービンの設計部門にいた私が、ある日突然上司からこう言われたのです。

「今度、アメリカのGEと蒸気タービンの分野で提携することになった。ついては、きみにも近いうちに技術習得にGEへ行ってもらうことになる。英語が必要になるので、しっかり勉強しておくように」

GEとはゼネラル・エレクトリック社。みなさんよくご存じの発明王トーマス・エジソンがはじめた会社です。当時のGEといえば、白物家電から重電まで、また民需でも官需でも、何でもござれの世界屈指のエクセレントカンパニーでした。

そのころ、私は30歳。エンジニアとしての仕事には面白さを感じるようになっていましたが、外国出張や英語での仕事など、想像もしたことのない世界でした。そもそも、それまでに海外に出たことは、プライベートな旅行も含め一度もなかったのですから。

英語といえば、受験勉強と、大学進学後にときどき学術文献を読むくらいのもので、会社に入ってからも英語にはほとんど縁のない生活を送っていました。

## 「Where are you from?」が「ウエアフロ」としか聞こえない……

なかでも、会話の機会といえば、年に1回の外国人講師による社内のインタビューテストくらいのものでした。

当然、そのころの実力は無残なもので、講師にテストのはじめに聞かれた「Where are you from?」が「ウエアフロ」としか聞こえなくて、何を言っているのかさっぱりわからない。学校で習うようにゆっくり、「ウェア・アー・ユー・フローム」とは言ってくれないのです。

彼はみんなにこの質問をしていたようで、あとでほかの人に聞いたら、意味は「出身はどこ?」くらいの感じなので、「I'm from Osaka.」とでも答えておけばよかったのです。

しかし、そのころの私は、リスニングができないうえに、意味の解釈においても、文法や単語にとらわれすぎて、まったく融通がきかない悲惨な状態でした。

ですから、もし「Where are you from?」が聞き取れていたとしても、「あなたはどこから来ましたか?」と英語そのままに受け取って、「今日は家から来ました」とか「自分の席から来ました」のような間抜けな返事になっていただろうと思います。

とにかく、こんな初歩的な質問でも聞き取れないうえに、それが出身地を聞く決まり文句だということさえ知らなかったのです。

これが、恥ずかしいことに当時の私の実力です。ですから、こんな状態でアメリカに行くことを考えるのは恐怖でした。仕事以前の問題として、無事に目的地までたどり着けるだろうかというところからして、不安で不安で仕方がなかったのです。

## いきなり、日米貿易摩擦についての意見を求められても……

ちょうどそんなとき、同じ会社の大学の先輩から社内の英会話サークルに誘われました。メンバーに欠員ができたので入らないかとのことでした。

この先輩は、プラント部門で働くエンジニア。海外との仕事の経験が豊富で、英語もとても上手な人でした。彼は、早くからグローバルに仕事ができるようになることの必要性を感じ、有志を募って社内で英会話サークルを自主運営していたのです。メンバーは自腹を切って外国人講師を呼び、定時後みんなで会議室に集まって勉強していました。

そのとき、たまたまサークルのメンバーが一人抜けたので、後輩の私にお誘いがかかったというわけです。

私はといえば、GEとの提携話で、とにかく英会話を勉強しなければと思っていた矢先のことでしたので、まさに「渡りに舟」と言いたいところですが、実際のところは恐る恐る、グループに入れてもらうことになりました。

サークルへの参加初日、今でも強く印象に残っていることがあります。先生は、ニュージーランド人の男性、ディスカッション形式のクラスで、その日のテーマは日米貿易摩擦でした。先生は意地悪にも、初参加の私に貿易摩擦の解決策について意見を求めてきたのです。

当時は、自動車の対米輸出が大きく増えて、政治問題化していたときでした。私も、ニュースで日本車が大きなハンマーで打ち壊されているシーンを見ていたので、問題の認識はありましたが、突然それについて、しかも英語で話せと言われて困ってしまいました。

「英語」というのがまず一番の難題であったことは確かですが、それに加えて、日米貿易摩擦について深く考えたことがない、したがって自分の意見がない、まとまって話せる内容がない、というのが大きな問題でした。

なかなか話し出せなくて口ごもっていた私。すると、先生は先輩に向かって、意見を述べるように促したのです。

そのとき、私はまだ先輩の実力を見ていませんでしたので、彼がいったいどんなことを、どんなふうに、どんな英語で話すのだろうかと、興味津々で眺めていました。

そのころの私には、身近にいる自分と同じようなサラリーマンエンジニアが、日米貿易摩擦について、英語で意見を述べるという姿がイメージできなかったのです。

しかし驚いたことに、先輩は特に緊張した様子もなく、普段と同じ落ち着いた調子で、話を始めたのです。

流暢とは言えないかもしれません。でも、うまい。うまいというのは、私も聞いていてよくわかったということです。

「現地に工場を建てて雇用を促進すればいい」とか、「アメリカ企業も品質向上にもっと努力すべきである」とか、英語ができない私にも論旨がよく理解できたのです。

私は、先輩の英語力に感服すると同時に、難しいテーマについて自分の意見をはっきりと述べられるだけの豊富な知識と深い問題意識に驚かされました。

人前で自分の意見を英語で話すというのは、こういうことなのだ、自分もこのくらい話せたら楽しいだろうな、と憧れとも感動ともつかない感情を抱いたのです。

本来なら意志の通じ合わないはずの人と、英語でコミュニケーションが取れるということを、目の前で見せられた感動。親しい先輩が、それをいとも簡単にやってのけたことへの驚きと憧れ。

いま振り返ると、この経験が私と英語との長いつき合いの出発点になったようです。

## 外国人と二人っきりじゃ間が持たない！

当時の私は、英語そのものや外国人を避けていました。だって、外国人とは話したことがない、したがって何を考えているのかよくわからない。それより何より、英語が聞き取れない、話せないのですから、コミュニケーションの取りようがない。

オーバーなようですが、私にとって外国人は異次元の人々だったのです。

いま考えても、なんと意気地なしだったことか……と自分で自分にがっかりする思い出があります。

先輩に誘われて入った英会話サークルは週に一度、確か定時後の6時ごろから始まったと記憶しています。外国人の先生は、その少し前に到着してレッスンのある会議室に入り、みんなが来るのを手持ち無沙汰の様子で待っているのです。ところが、みなさん仕事が忙しくて、なかなか時間どおりには集まりません。

私が部屋の前に行くと、ガラス越しに一人部屋で待つ先生の姿が見えます。中に入って先生と雑談でもしながら、みんなが来るのを待っていればいいのでしょうが、一人だけでは部屋に入れないのです。だって、先生と私だけでは時間が持ちません!

彼は気を使って、何とか話をしようとしてくれるのですが、私とでは会話になりません。その何とも気まずい空気に耐えられなくて、私は誰かが来てくれるまで、先生に気づかれないように、部屋の前をウロウロと行ったり来たりしていました……。

なんとも、もはや情けない話です。しかしそれが30歳のころの私の、うそ偽りのない外国人に対する態度であり、英語の実力だったのです。

## 細かい間違いが異様に気になってしゃべれない

英語を避けていた理由の一つに、日本人の前で自分の英語を聞かれるのがイヤということがありました。文法を間違えたり、日本人的発音を聞かれたりするのがイヤだったのです。

実にくだらない、コミュニケーションの本質とはなんら関係のないことにこだわっていたのです。主語が三人称単数現在のときに動詞に「s」をつけ忘れるとか、過去や過去完了の活用形を間違えるとか、名詞の単数、複数の区別ができていないとか、そういうことに同席の日本人たちが注目していると感じていました。

「そこで間違えたら恥ずかしい」と意識過剰になっていたのです。いま考えると実にあほらしいことですが、当時は真剣にそう思っていました。

これでは不自由で、思うように話せるはずがありません。文法偏重の英語教育の弊害だったのか、周りの目を必要以上に気にする日本人的特性のゆえだったのか、いずれにしてもこう思うことは、英語の上達には百害あって一利なしです。

その後何年も経って、通訳者として国際会議などでノンネイティブの人たちが、文法も周囲の目も気にせず、闊達に自分の意見を述べる姿を目の当たりにし、コミュニケーションの手段としての英語の意義を強く感じるようになりました。

ただ残念ながら当時は、引っ込み思案で、細かい言い間違いばかり気になって、自由に英語を話すという理想からはほど遠いものだったのです。

## ついにGE出張！ でも、運転手に通じない！

そうこうしているうちに、いよいよGE出張の日がやってきました。はじめての海外、それも一人です。

行き先は、ボストン近郊にあるGEのリン工場。ボストンへ行く前にシカゴで一度飛行機を乗り換えるのですが、これが何とも不安……。

どうやら、ある列に並んで待つようなのですが、本当にその列でいいのか確認ができないのです。間違った飛行機に乗って、とんでもない場所に着いたらどうしようと、真剣に心配していました。

そのうちトイレに行きたくなって、場所の確保のためにスーツケースをそのまま置いておきたいのですが、盗難にあうのも心配だし、同じ列に並んでいた日本人らしき人に声をかけたら中国語が返ってきて、もう気の休まるときがありませんでした。

やっとの思いで、なんとかボストンの空港に着いて、今度はホテルまでタクシーです。日本のタクシーに比べてずいぶん汚いし、おまけに運転席と客席の間には金網が張ってあって緊張感を醸し出しています。

当時、アメリカの大都市は危険な場所だといわれていましたし、実際に強盗被害にあった同僚の話も聞いていました。
そのときの運転手は、ひげ面の、丸太みたいな腕をした、ものすごくゴツい人で、いきなり波乱の予感です。とにかく、緊張しながら行き先を告げます。

私「リビア、プリーズ」。（私としては、「Revere, please.」と言ったつもりです）

運転手「What?」

それからは、しばらくの間、「リビア」「What?」、「リビア」「What?」の繰り返し。何度言っても通じないものですから、私は次第に声を張り上げます。最後はもう絶叫です。

「リビア」、「リビア」、「リビア！」、「リビア！」、「リビア！」

そのたびに、運転手も応じます。

「What?」、「What?」、「What?!」、「What?!」、「What?!」

（少々誇張していますが、このときの精神状態はまさにこんな感じでした）

「リビア」の最初の「リ」は、「R」の「リ」であって、断じて「L」の「リ」であってはなりません。ただ残念なことに、私の発音は、叫べば叫ぶほど、悲しいかな、「L」の「リ」になっていました。

また、「リビア」のアクセントの位置は、正しくは第2音節「ビ」にあります。しかし私の叫びは「リビア」だったのです。

わずか6文字なのに、最後まで運転手には通じませんでした。

これは紙に書くしかないと気づいたころには、冷や汗でびっしょりになっていました。

最後に「Revere」と書いた私のメモを見て、運転手はこう叫びました。

「Oh, Revere!」

だからさー、さっきから何度もそう言ってたのに……。

このように、発音とアクセントは、間違うと通じません。文章の中なら、少々雑でも文脈から何とかわかってもらえますが、単語単独で発音の間違いは致命的なのです。

## 「指示＝order」じゃないの……？

GEでの初出勤の日。朝一番に、私の受け入れ部門のマネジャーに挨拶に行きました。

GEではその当時、マネジャークラスはみんな個室を与えられていました。ノックして部屋に入ると、執務机からデカいおじさんが私に視線を送ってきます。イタリア系で、お腹回りにしっかり脂肪のついたプロレスラーみたいな人でした。

私は彼の前に立ち、あらかじめ考えてきた挨拶を始めました。最初に、名前。これは簡単。

次に、「上司の○○さんの指示で、GEタービンの技術を学びにきました」という趣旨のことを話しました。

そのとき、「指示」という意味で「order」という単語を使って、「He ordered me to learn GE steam turbine……」などと言ったのでしょう。

そのときです。彼は上目遣いで私を見ながら、何かを確認するように、語尾を上げてゆっくりとこう言いました。

「Order? ↗」

何がおかしかったのでしょうか？

今ならよくわかるのですが、「order」という語は、「絶対的指示、逆らえない命令」といったニュアンスを持ちます。

軍隊ならわかるのですが、「会社の上司からの指示」という意味で使う単語ではありません。「ask」とか「tell」とか、もっと気楽な単語を使えばよかったのです。

しかし、そのときの私にしてみれば、「指示する＝order」と短絡的に覚えていたので、このシチュエーションで「order」を使うことに何の疑問も感じていませんでした。

マネジャーはこのとき、どう思ったか？「こいつ、英語を知らんな」と思ったのか、あるいは30年以上も前のことですから、「日本の会社は軍隊並みだな」と思ったのか。

いずれにしても、このときに彼が放った「Order? ↗」は、語尾を上げたイントネーションの恐ろしい響きとともに、今でも耳の奥に残っています。

単語は、英語と日本語の単純な意味対応で覚えるのではなく、そのニュアンスを理解し、状況に合った使い方をすることが大事だということを学んだ出来事でした。

## 仕事ではそれほど苦労しなかったわけは？

GE出張中の経験の中で、今でも思い出して不思議に思うことが一つあります。それは、本来の出張目的である仕事では苦労した記憶がないということです。

飛行機のトランジットやタクシー、それに挨拶では、それはもう骨が折れました。ほかにも、ホテルや近くのスーパーマーケットでも、うまくコミュニケーションが取れなくて数々の失敗をやらかしました。それらのことはよく覚えています。

しかし、仕事では苦労や失敗の記憶がないのです。これは何を意味するのでしょうか？

おそらく、**仕事については、私が十分すぎるほどの準備をしていったこと、また相手との間に、知識や情報の共有があったから**だと思うのです。

つまり、たとえ英語力が不十分でも、内容についての共通理解があれば、コミュニケーションは取りやすいということです。

30歳のころ、満足に英語を聞き取れず、話せなかったこの時代が、私の英語の原点です。

それでも、英語が身につきました。振り返ると、どのエピソードにも英語の学習にとって非常に有用な示唆が含まれているように思います。

そして、40年たった今でも、当時の思い出は、ほろ苦いけれど忘れがたい経験として私の中に息づいています。

## 【30〜50歳】平均的なサラリーマン英語学習者だった

### 英語とはつかず離れずの30代、40代

こうして30歳でGE出張という、はじめて英語に親しむ幸運（？）に恵まれたわけですが、その状況は長くは続きませんでした。

サラリーマン生活というものは、私もご多分にもれず山あり谷あり。担当も変われば、仕事も変わりました。

その後しばらくして、GE関係の業務から離れ、さらに30代半ばで会社も変わりました。造船&エンジニアリング会社から、自動車会社への転職です。

プロローグでも触れたように、50歳のころ、勤務先の自動車会社が外資の傘下に入り、一気にグローバルな環境の中に放り込まれることになったのですが、それまでの30代、40代は、特に英語とのつき合いが深かったわけではありません。

ときどき海外出張があったりすると、モチベーションも高まって、しばらくは勉強にも熱が入るのですが、その波が過ぎ去ると潮が引くごとく、英語熱も冷めてしまう――そんなことの繰り返しでした。海外関係の仕事の有無が、英語へのモチベーションを決めていたのです。

それでも、いつも心のどこかに「英語は必要、いずれまた使うときがくる」との思いはありました。それは、サラリーマンエンジニアとしての自身の英語力に対する、不安と危機感でもありました。

いつ、また突然のGE出張のようなことがあるかもしれない。そうなっても、今度はあわてなくてもすむように、今のうちに何とかしておかなければ、という思いでした。

## 「もう二度と、あんな思いをしたくない」が原動力に

人を何かに駆り立てるモチベーションには、ポジティブなものとネガティブなものがあります。たとえば、広告宣伝でユーザーの購買意欲を喚起するのに、「この商品を使うと、こんなにいいことがある」というのと、「この商品を使わないと、こんなに大変なことになる」という2方向のアプローチがあるのはその例です。

「英語ができると、仕事でこんなに活躍できる」と「英語ができないと、仕事でこんなにひどい目にあう」。どちらも学習のモチベーションになります。

「日米貿易摩擦」についての先輩の英語スピーチを聞き、自分もそうなりたいと思ったことはポジティブモチベーション。初めての海外出張で、ものすごく緊張し、もうあんな思いは二度としたくないと思ったことはネガティブモチベーションです。

私は慎重（臆病？）な性格なので、どちらかというと、ポジティブモチベーションよ

りもネガティブモチベーションが効きました。英語が通じなくてハラハラドキドキする目には、二度と遭いたくないという思いが強かったのです。

つまり、英語ができない状態で、また海外へ行くことが怖かったのです。潜在的にその恐怖があったから、30歳から50歳までの間も、つかず離れず英語との縁が保てたのかもしれません。

そうしたら、50歳のときに「外資」という黒船がやってきたのです。「英語は必要、いずれまた使うときがくる」という思いが現実になりました。

備えは、十分というにはほど遠いものでしたが、初めてGEに行ったときの、限りなく0に近かった英語力とは違いました。

江戸時代後期の思想家・二宮尊徳がこんな歌を残しています。

この秋は　雨か嵐か　知らねども　今日の勤めに　田の草を取る

未来に何が起こるかを、誰も正確に見通すことはできません。できることは、いま必要だと信じることを、淡々とやること、それだけです。

しかし、コツコツとやり続けたことは、必ず積み上がっていきます。英語の学習においても「今日の勤めの田の草取り」を習慣にしたいものです。

## 【50歳】仕事で英語が本当に必要になった

### ついに黒船がやってきた！

50歳のとき、会社が外資の傘下に入りました。その名は「ダイムラー」。その数年前には米ビッグスリーの一角、クライスラーとの合併を果たし、当時は自動車業界随一のグローバル企業と言ってもいい存在でした。

ダイムラーがやってきて、仕事のやり方はもちろん、ビジネスへの考え方が変わりました。何より、会社の中に外国人が増えました。それまでは、旧財閥系の生粋日本企業のイメージでしたから、異常と言っていいほどの増え方でした。

まず、常駐でやってきた幹部社員がいました。それから、ダイムラー社やクライスラー社との間で共同プロジェクトが多数立ち上がり、ドイツやアメリカから大勢の出張者がやってきました。

海外メーカーから部品を購入することが奨励され、ここでも世界中のいろんな会社から、駐在員や出張者が入れ代わり立ち代わり訪れるようになったのです。

海外出張やテレビ会議の回数が圧倒的に増え、私も多い時期には毎月のように海外に行きました。テレビや電話での会議に至っては、一日のうちに3、4件をかけ持ちしたこともありました。会社の中の様子も、仕事の進め方も、あっという間に大きく様変わりしたのです。

そんななか、私のメインの仕事は、クライスラー社との車の共同開発、担当は駆動系でした。プロジェクト推進のために週に一度のテレビ会議を、2年ほど続けました。

実は、私の英語力が飛躍的に伸びたのは、このときだったと感じています。いま振り返っても、非常に中身の濃い、印象深い2年間でした。

## 「話題限定の会議、そのための入念な準備」の繰り返しで英語力がつく！

車の開発においては、日程を厳守することは絶対です。ボディ、シャシ、エンジンなどの各部門が開発日程に沿って仕事を進めます。駆動系も遅れることは許されません。

クライスラーとの共同開発においては、同じ駆動系部品を彼らの車でも使います。したがって、相手の合意なしに勝手に進めるわけにはいきません。

懸案事項を一つひとつ協議しながら、双方が納得したうえで次のステップに進む——これを毎回のテレビ会議で進めていきました。

「駆動系」と一口に言っても、ドライブシャフトやデファレンシャルなど、さまざまな部品があります。

そして、そのそれぞれがまた、多数の子部品から構成されています。それらすべてについて、必要な事柄をクリアにしていく必要があるのです。

そのため、一回の会議で取り上げるのは、ボルト1本、パッキン1枚のことだってあります。たとえば、開発段階の試験でボルトゆるみが発生したとしましょう。さて、どうするか？　あるいは、新しいパッキンの耐久性は大丈夫か？　油漏れを起こすことはないだろうか？　などと協議するのです。

ボルトゆるみの会議では、ゆるんだ状況、推定原因、対策案などについて話し合い、進め方を決定します。そのために、情報を収集分析し、原因を考えます。対策案が出ていれば、その方向で進められるよう裏づけデータを準備します。

そして会議の席上、ちゃんと英語で説明できるようイメージトレーニングをしておきます。会議に出てきそうな単語や専門用語は、もちろん頭に叩き込みます。毎回、そんなことをして会議に備えていました。

一回の会議で話すことは話題限定、限られた範囲のことです。その日の議題についてだけコミュニケーションが取れればいいのですから。

ポイントは、議題に関して全容を把握し、それを論理的に説明できることです。大変そうに見えるかもしれませんが、これは本来、日本人が相手でも必要な作業です。英語ゆえに必要になる準備としては、単語とイメージトレーニングだけです。毎回、話題限定の打ち合わせにおいては、やるべきことはいつも同じ。議題の内容について、しっかりコミュニケーションが取れるように準備することです。

日常的に、仕事の一環としてこれを繰り返していると、自然に英語の実力がついていきます。以前使った表現が、無意識のうちに出る。「あれ、この単語前にも出てきたな」ということもしばしば起こるようになってきます。

こうして、少しずつですが、英語への違和感や恐れが薄れていきました。

## グローバル化のメリットは計り知れない。それをいかに享受するか？

提携から数年後、ダイムラーは結局、撤退していきました。企業対企業の提携としては、残念な結末に終わったわけですが、私にとっては多くの学びがあった貴重な経験になりました。

英語力が伸びたことはもちろん、それとともに「企業のグローバル化」ということを、さまざまな角度から考えるまたとない機会になりました。

グローバル化による企業間協力は、うまくやれば相乗効果を活かして大きなメリットを生み出すことができます。

たとえば、パートナーとの部品の共用化（数量が増えれば単価は下がる）、設計基準の比較是正（より最適な設計が可能になる場合がある）、購入先や価格情報の共有（より低価格で高品質な仕入れ先が見つかる可能性がある）、開発の分担（開発費や人員が節約できる）、インフラの流用（生産設備や販売チャンネルを有効活用できる）など、その効果は枚挙に暇がありません。

しかし、問題は「うまくやれば」にあります。うまくやれるかやれないか、そこにはさまざまな要因が介在しますが、なかでも言葉の壁、文化の壁が大きいのです。それを解決するには、コミュニケーションしかありません。

今やグローバル化は時代の趨勢であり、避けては通れないものです。ならば、活かしきること、グローバル化の果実を享受することを積極的に考えるべきです。

そのためには、英語コミュニケーション力の強化が不可避となります。そして、英語コミュニケーション力を強化するのに最適の場所は、意外と身近にあります。それが会社であり、職場であり、仕事なのです。

## 【55歳】週末通訳学校へ通いはじめた

### 通訳学校との出会い

ダイムラーは去っていきました。しかし、一度はグローバルビジネスの一端を垣間見て、そのメリットや可能性を強く感じ取っていた私は、もっと英語を自在に駆使できるようになりたいという思いを強くするようになっていました。ダイムラーグループからは外れたけれど、これからの企業が進むべき道はグローバル化だと思っていたのです。

そんなころ、たまたまご近所の友人と話をしていて、「通訳学校」というものがあることを知りました。

私は英語の学校というと、ＥＣＣとかＮＯＶＡとかの英会話スクールしか知らなかったので、友人があげた学校の名前は初めて聞くものばかり。そもそも、「通訳」というカテゴリーに特化した学校があること自体、初耳でした。

友人の話によると、通訳学校というものは、英語力をつけるにはなかなかよく、サンプルレッスンが受けられるとの情報をもらって興味本位で訪ねてみました。

結果は、非常に好印象でした。当時は、英語はネイティブについて習わないと使いものにならない、という風潮がありました（今でもそうかもしれませんが）。現に、「講師は全員外国人」というのを売りにしている学校もあったぐらいです。

しかし、通訳学校の先生は日本人。教授法も、それまでには聞いたことも、やったこともないメソッドで、「なんとなく、無目的に外国人と会話をする」という従来の英会話学校のイメージとは違ったのです。

サンプルレッスンでさえ、緊張感がありました。それで、週末通ってみることにしました。

55歳にして、初めての英語の学校。試験を受けて「基礎科Ｉ」というクラスにランクづけされました。

通訳学校というのは、一般には基礎科の前に「準備科」というのがあって、それから基礎科Ⅰ、Ⅱ、本科Ⅰ、Ⅱ、そして最上級の同時通訳科Ⅰ、Ⅱへと続きます。

進級は、講師の評価、判定で決まります。準備科こそ免除されたものの、基礎科Ⅰというのは通訳コースの中では「入門」の位置づけでした。

## 決断はいつも「やってみる」の精神で!

その当時は、仕事一途のサラリーマン。かつては企業戦士と呼ばれた世代です。とにかく、仕事の助けになればというのが入校の動機でしたので、「将来、通訳者になる」などとは微塵も考えていませんでした。

しかし性に合ったのか、結局は定年後も含め、62歳になるまでの7年間、通訳学校での学習を続けました。現在、プロとして仕事をしていることを考えると、55歳のときのこの決断が、今に続く大きなきっかけになったことは間違いありません。

あのとき、友人から通訳学校の話を聞いていなかったら、定年後の通訳者はあり得ませんでした。何か不思議な縁のようなものを感じます。

もう一つ、定年後の通訳者への道には大きなターニングポイントがありました。それは58歳のときでした。本科Ⅱから同時通訳科への進級を許されたのです。

問題は、同時通訳科が大阪校にしかないということでした。当時私は、名古屋市の郊外に住んでいましたので、毎週土曜日午前開講の講義に出席するには、5時半に起床して新幹線通学が必要でした。

せっかくの週末ぐらいゆっくりしたい気持ちもあるし、同時通訳科に行くとなれば、予習復習にも時間がとられます。費用だってかかります。

どうしようかと迷いましたが、同時通訳というのがどういうものか、一度は経験してみたいとの思いから通うことに決めました。この遠距離通学は、60歳定年で実家のある大阪へ戻るまでの2年間続くことになります。

あのとき、大阪まで通うことを決断していなかったら、やはり定年後の通訳者の誕生はなかっただろうと思います。

神様からいただけるご縁と、自分で下す決断。決断はいつも「やってみる」という方向に踏み出すのがよいように思います。

何事も現状にとどまるのではなく、「動く」ということでしょう。そこから何かが始まります。種をまいて、はじめて実りが期待できるのです。

私の好きな英語のことわざに、

Don't judge each day by the harvest you reap but by the seeds you plant.

があります。「その日一日の成果は、収穫の量ではなくて、蒔いた種の量で計りなさい」ということです。目の前の成果に一喜一憂することなく、日々たゆまず成長の努力を続けることに心を尽くしたいものです。

## 【60歳】フリーランス通訳者としての挑戦の始まり

### 生物多様性会議（COP10）で通訳デビュー

愛知県で生物多様性会議（COP10）が開催されたのは2010年10月のことでした。その年の8月、私は満60歳を迎え、会社を定年退職しました。

再雇用制度を利用して会社に残る道もありましたが、何かこれまでとは違ったことがしてみたいと感じていたこと、またたとえ会社に残ったとしても、しょせんは65歳までのことと考えて辞退しました。

しかし、定年後に何かこれをしようという目算や自信があったわけではありません。ただ漠然と、生涯現役でやりがいのある仕事ができたらいいな、と感じていました。

定年を1か月後に控えた7月のことでした。通訳学校でお世話になっていた先生から、「今年の10月に名古屋でCOP10があり、大勢の通訳者が必要になります。もし興味があれば一度やってみませんか？」とのお話をいただいたのです。

10月ならもう退職していて、時間はあります。これまで通訳学校で勉強してきたことが、どの程度役に立つのか、自分にどれほどのことができるのか、試してみたい気持ちもありました。

何より、現場を一度は経験してみたかった。やってみないことには、本当のところは何もわからない。それで、喜んでお引き受けすることにしました。

仕事は、受付や海外メディア対応といった初級レベルの通訳でした。それでも、何しろ定年までは普通のサラリーマンです。通訳で報酬をいただくという初めての経験であり、働く環境も会社のオフィスとはずいぶん勝手が違います。

これが私の60歳、還暦での通訳デビューでした。かなり緊張していたと思いますが、

名古屋国際会議場同時通訳ブース

10月の1か月間を大過なく務めきることができました。

国際会議だったので、ベテラン通訳者の方々の同時通訳を間近に見る機会にも恵まれました。このとき、通訳の何たるかがおぼろげながら理解できたように思います。

定年を迎えるまでは、「通訳」という職業に特に関心があったとは思いません。自分にそんなことができるとも思っていませんでした。通訳学校に通いはじめたのも、英語がうまくなりたい、会社の仕事で使いたい、と考えたからでした。

COP10が終わった翌日の勤務最終日、がらんとした国際会議場の中を見て歩きました。そして主のいない同時通訳のブースをのぞいてみたのです。これが、そのときの写真です。

通訳者の席からは、階下の広い会議場が見渡せます。机の上には、マイクやヘッドホーン、同時通訳の機材が置かれていました。

いつか私にも、こんなブースに入って同時通訳をする日が訪れるのだろうか？——夢とも憧れともつかぬ感慨を持って、カメラのシャッターを切ったことを覚えています。

いつかは定年後の同時通訳者——青年のような夢が芽生えた瞬間だったのかもしれません。

## 通訳エージェントに登録

「フリーランス通訳者」という職業は、そのころの私にとっては時間の融通が利くのが非常にありがたいものでした。

家庭の事情もあって、大阪に戻っても常勤定時の勤務は厳しいと思っていましたので、COP10で実際の現場を経験したことが通訳の道へと背中をポンと押してくれたような気がします。

それで、通訳学校の先生に教えていただいたり、ネットで調べたりしながら、通訳エージェントへの登録作業を進めたのです。

通訳者は一般にエージェントに登録し、そこを通して仕事を受けます。エージェントに登録するには、履歴書と経歴書、それに通訳実績を送る必要があります。

これには困りました。だって、定年まではサラリーマンです。通訳実績などあるはずがありません。

仕方がないので、会社でのグローバルビジネスの経験を書きました。ダイムラーやクライスラーとやった仕事のことを書いたのです。

右も左もわからない通訳の世界。「下手な鉄砲も数撃ちゃ当たる」の流儀で、書類を30社ほどのエージェントに送りました。どんなものかと思っていましたが、定年後の通訳者にも仕事を出してくださるところがポツポツとあったのです。

そしてありがたいことに、1年目、2年目、3年目と倍々ゲームで仕事は増えていきました。憧れていた同時通訳の仕事も、デビュー後わずか1年目でゲットしました。一生、私には縁はなかろうと思っていましたので、これはうれしい誤算でした。

## 大切なのは内容。中身がわかってはじめて、わかりやすく話せる

ときどき、なぜこんなにも経験が浅い還暦を過ぎた通訳者に仕事がいただけるのだろうかと考えることがあります。

自分なりにいくつか理由はあげられるのですが、そのうちの一つは**「専門がある」**ということでしょう。**技術系、特に自動車をはじめとする機械ものにはめっぽう強い**ということです。

とあるところで通訳をしたとき、担当の方からうれしいことを言われたことがあります。

「いつも通訳の方をお願いすると、聴衆のみなさんが首を傾げる光景をよく目にしますが、田代さんが通訳されると、みなさんしきりにうなずいていらっしゃいました」

このときの話題は自動車でした。私は、定年までは自動車会社のエンジニア。今でも、英語よりは技術の方が強いと思っています。

通訳のキャリアはまだ5年程度。一方、エンジニアのキャリアは35年以上です。車の技術の分野なら、単語を聞けばたいていのことは想像がつきます。表面的なことではなく、中身がわかるのです。

内容がよくわかっている状態で通訳するのですから、わかりやすくて当たり前だと思います。

通訳者として、私より英語が上手な人はいくらでもいます。帰国子女も多い。ネイティブスピーカーの通訳者にも会ったことがあります。

しかし、**英語ができる人がいつもよい通訳者かというと、必ずしもそうとは言えません。なぜなら、コミュニケーションの眼目は中身にあるからです。**

実際の現場では、話の内容を理解していることが、英語の運用力以上にアドバンテージとなることも少なくありません。つまり、**知識や経験が英語力以上に物を言うのです。**

ここに、英語コミュニケーション力向上のヒントが潜んでいます。

定年までは自動車会社のエンジニア、定年後はプロの通訳者。この2つを経験して初めて、ストンと腑に落ちたことがあります。

それは、エンジニアとして英語を使っているだけではきっとわからなかった、またはじめからプロの通訳者だったとしたらたぶん気がつかなかったであろう英語コミュニケーションの要諦であり、そこから導かれる英語の習得方法です。

私は、この方法をサラリーマン時代に、特に意識することなく実践し、積み重ねてきました。そのおかげで、こうして今、「定年後の通訳者」というまったく違うフィールドで活躍できる場が与えられていると思うのです。

さて、いよいよ次章から「仕事を通じて英語を身につける」考え方と実践方法についてお話ししていきます。

第2章

# 仕事を通じて英語が身につく5つの理由

## ―Why?―

第1章では、海外居住経験なし、理系のエンジニアだった私が、50歳を過ぎて「仕事を通じて英語を身につけて」、同時通訳者になるまでについて、簡単にお話しさせていただきました。

この「仕事を通じて英語を身につける」方法、すなわち、専門知識の力をコミュニケーションに最大限に生かすやり方は、サラリーマン時代の私が無意識のうちに実践してきたこと、そしてプロ通訳者となった今では、意識的に欠かさず実践していることです。

仕事を通じて英語を身につけようとするときに大事なことは、文字どおり「仕事」にフォーカスすることです。

もし、あなたが自動車のエンジニアなら、自動車の技術に関して話せるようになろうと努めることです。看護師なら、医療に必要な英語。編集者なら、出版に必要な英語。ダンサーなら、踊りや舞台に必要な英語。野球選手なら、大リーグで野球をするために必要な英語からはじめる、という具合です。

それ以外のこと、たとえば、政治、経済、歴史、法律などは、とりあえず話せなくても気にしません。

要は、**自分の仕事のことが英語で言える、まずはそこを目指す。それが英語習得の正しい入口であり、一番の近道なのです。**

この方法は、非常に再現性が高く、この本をお読みのみなさんにもぜひおすすめしたいと思っています。

ではなぜ、仕事を通じてだと、英語を習得しやすいのでしょうか？　私は、それには次の5つの理由があると考えます。

**理由1　仕事の知識が英語を助けてくれる**
**理由2　仕事の英語はいつもリアル**
**理由3　仕事の英語は使用機会が多い**

理由4　仕事の英語はつねに話題限定
理由5　仕事だからこそ、モチベーションが維持できる

では、一つひとつくわしく見ていきましょう。

## 【理由1】 仕事の知識が英語を助けてくれる

1つ目は、「仕事の知識が英語を助けてくれる」です。

まず、英語コミュニケーションにおいて、「知識」がいかに大切かというお話からはじめていきましょう。

### 大切なのはコミュニケーション。それを助けてくれるのが知識

私たちは、なぜ英語を学ぶのでしょう？　英文学者になりたいと思って勉強するわけではありませんよね。英語自体が目的ではないはずです。

多額の出費をして英会話学校に通ったり、教材を購入したりするのは、コミュニケーションをしたいからでしょう。英語を使って自分のことを伝え、相手のことを知り

たいからです。

重要なのは伝えたい、知りたい中身であって、英語自体に主眼を置いているわけではないはずです。


ところが、実際は「英語ができないと、外国人とコミュニケーションが取れない。だから、まずは英語だ。英語を学ぶことが一番だ」——多くの人がそう考えています。

つまり、何がきても対応できるような英語力を身につけようとしているのです。

それでは、目的（伝えたい、知りたいこと）と手段（英語）が転倒しています。**はじめに伝えたいことありき、知りたいことありき、そこが原点であるはずです。**


また、「英語が上手なら、コミュニケーションは取れる」は正しいでしょうか？

もちろん、英語が上手であることに越したことはありませんが、現実には「英語ができても、うまく通じない」状況はしばしば起こります。

それは、なぜでしょうか？

話題に関する知識が不足しているからです。内容の理解が乏しいからです。英語でのコミュニケーションを理解するには、ここが非常に重要なところです。

もし、英語力がすべてに優先するなら、定年後の通訳者など、この業界で生き残ってはいけません。だって、20年、30年と英語を磨いてきた猛者はいくらでもいるのですから！

定年後の通訳者でも、ありがたいことに仕事がいただけるのは、英語力のほかにも、コミュニケーション力を支える強い味方があるからです。それが、知識であり、経験であり、情報です。

私の場合には、サラリーマン生活の中で身につけた、自動車をはじめとする技術の知識であり、ビジネス全般の知識です。

**仕事をなさっているみなさん方一人ひとりにも、これまでに培ってこられた知識や経験という、かけがえのない力がすでに備わっています。**

**その力をうまく使えば、英語が苦手でも、良好なコミュニケーションが取れるようになります。**さらには、それを続けることで、短期間で英語力自体も向上していきます。

仕事を通じて英語を学ぶと、無目的に、総花的に学ぶより、英語ははるかに速く、かつ確実に上達します。知識の持つアドバンテージを、英語の習得に生かさない手はないのです。

## 英語コミュニケーション力は、英語力と知識のかけ算

わかりやすいように、図で考えてみましょう。

プロローグでも少し触れましたが、「英語コミュニケーション力」とは何かを表したのがこの図です。シンプルな四角形ですが、英語コミュニケーションの本質をズバリと示唆しています。

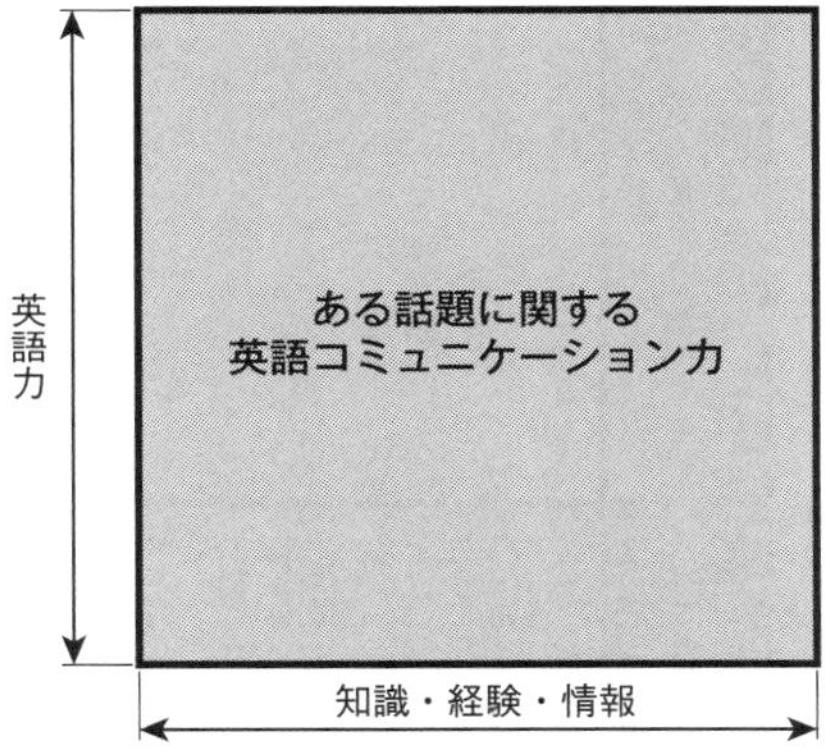


図4．英語コミュニケーション力は、英語力と知識力の複合力

**英語コミュニケーション力は、「英語力」と「知識・経験・情報」などのかけ算です。**

断じて、英語力だけではありません。**図4の正方形の面積が大きいほど、質の高いコミュニケーションが取れます。**

理想は、縦辺（英語力）、横辺（知識・経験・情報力）ともに長い正方形です。英語コミュニケーション力として力を発揮するのは、あくまで面積であって、縦辺、横辺単独の長さではありません。

縦辺だけが長くても、横辺だけが長くても、単独では大した力は発揮できないもの

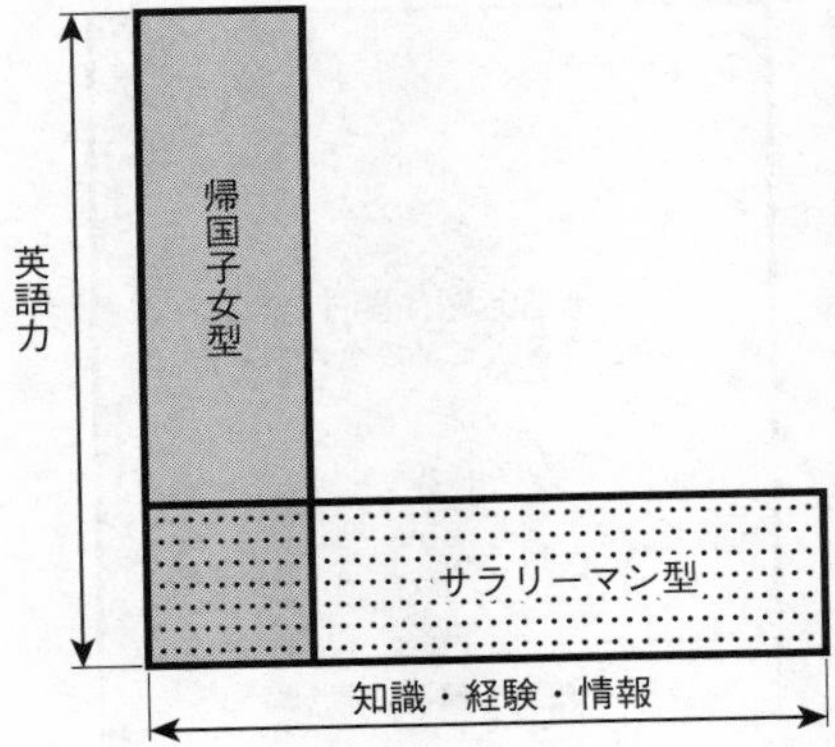


図5. 英語力偏重型（帰国子女型）と
知識力偏重型（サラリーマン型）

と考えてください。

次に図5を見てください。2つの長方形、どちらも英語コミュニケーション力を表す四角形ですが、形は対照的です。

縦長の長方形は、英語力にはきわめてすぐれているが、話題に関する知識は乏しいケースを表します。

例をあげるなら、まだ専門分野を持たない帰国子女のパターンがこれです。「帰国子女型」と呼びましょうか。

横長の長方形は、その逆です。話題に関する知識は豊富だけれど、残念ながら英語力はプアというケースです。

30歳のころの私を含め、サラリーマンの仕事に関する四角形は、だいたいがこのパターンに当てはまると思います。これを「サラリーマン型」と呼びましょう。

プロの通訳者となった現在でも、私の四角形には、依然としてサラリーマン型に似た傾向があります。

もちろん、一般のみなさんに比べれば、縦辺の英語力も十分長い。それでも、帰国子女のバイリンガル通訳者に比べると劣るのは否めません。

しかし、横辺の知識は彼らよりもおそらく長い。なかでも、技術やビジネスの話なら負けません。だから、面積で彼らに対抗することができるのです。

**重要なのは面積です。**

そして、面積（コミュニケーション力）は、縦辺（英語力）で稼いでも、横辺（知識力）で稼いでもいい。

つまり、担当業務のように、知識や経験が豊富な話題（横辺が長い話題）なら、たとえ英語が拙くても通じやすいし、聞きやすいのです。

ではなぜ、知識があると、話しやすく、聞きやすいのでしょうか？

わかりやすい話には、わかりやすいロジックが必要です。知識に裏打ちされたロジックは、明快で説得力があります。

知識があると、聞く場合のアドバンテージも大きくなります。リスニング力が不十分でも、勘が働きます。キーワード１つ聞き取れただけで、相手の言いたいことがわかる。話の展開が先読みできる。内容理解に背景知識が総動員できる。

このように、**知識があることなら、「一を聞いて十を知る」が可能になるのです。**

## 知識があると聞き取れる──その１

私が30歳を少し過ぎたころ、会社の教育部門が計画した英会話合宿に（無理やり？）参加させられたことがあります。

あまり英語が得意ではない若手社員が二、三十人ほど集められました。2週間ほどの間、「英語オンリー・日本語厳禁」の環境で缶詰めにされるという厳しいもので、社員の間では「地獄の合宿」として恐れられていました。

その研修のメインの課題に、「自部門の仕事について英語でプレゼンする」というものがありました。当時、英語が苦手だった私にとっては、とてつもない難題で、何日もかけて苦労してプレゼンの準備したことを今でもよく覚えています。

合宿の最終日、いよいよプレゼンの日です。その際、外国人講師から出された課題の一つに、「ほかの受講生の発表内容を聞き取ってメモしなさい」というのがありました。

先日、その合宿に一緒に参加した友人と、久しぶりに出会ったのですが、その彼が「あのときは、英語のできない人ばかりで大変だったね」と懐かしく思い出し、それとともに、面白い経験を語ってくれました。

「ほかの人の話は、さっぱりわからなかったけど、あの人の話は一言聞いただけで、鉛筆がさらさらと動いた。

あれは、連続鋳造機の話だったな。彼が言わないことまでも、思わず書いてしまいそうだったんだ」

なぜだかおわかりになりますか？　この友人の担当も、発表者と同じ連続鋳造機だったのです。つまり、知っていることは、話しやすいし、聞きやすい。

英語コミュニケーションにおける知識のパワーは、実際に体験してみると、一般に考えられているより、はるかに強力なのです。

私は、若いころは発電用蒸気タービンの設計に従事し、30代の半ばからは自動車のエンジニアでした。プロの通訳者になった今は、発電所や自動車工場での仕事も入ります。

そんなときの通訳が、どれほど楽でやりやすいことか。発電所を見れば、機器の機能やシステム構成がわかります。自動車の生産ラインを見れば、組みつけられている部品や着目点がわかります。

そういう基礎知識を背景にして通訳するのですから、わかりやすくなるのです。

### 知識があると聞き取れる――その2

こんな経験をしたこともあります。通訳の仕事に行ったときのことです。休憩時間にソファーに腰かけて、本を読んでいました。すると、隣でクライアントの外国人どうしが話しはじめたのです。

二人ともアメリカ人、一人は日本に長くいて、もう一人は来日してまだ日が浅い。でも、お互い同じ業界で長く働いている以前からの知り合いどうしです。

何とはなしに話を聞いていたのですが、なかなか聞き取れません。スピードが速いし、聞き慣れない言葉が出てくる。恥ずかしながら何を話しているのやら、よくわかりません。

「プロ通訳者のくせに」と思われるかもしれませんが、内輪の話となると、そんなものです。なので、読書に集中することにしました。会話の内容は、私には意味不明ですから、話し声は気になりません。

ところが、です。急に、彼らの会話が意味を持って私の頭に入ってきたのです。話していることがよく聞き取れるし、内容も理解できる。

今度は、もう話が気になって本に集中できません。突然のこの変化、いったい何が起こったのかおわかりになりますか？

実はある時点から、話題が日本のことになったのです。それも、私の住む大阪の話に。日本に長いアメリカ人が、日の浅い方のアメリカ人に大阪の説明を始めたのです。

地下鉄御堂筋線、淀屋橋駅、阪急百貨店、デパ地下、ヨドバシカメラなどと、聞き覚えのある固有名詞が次から次へと出てきます。

もちろん、「MIDOSUJI subway line」「YODOYABASHI station」と英語で話してい

ますが、この「MIDOSUJI」「YODOYABASHI」のインパクトは実に大きい。これらは明確に聞き取れます。

それにつられて、前後の「subway」「line」「station」も意味ある形で耳に入ってきます。地下鉄の駅、デパ地下、ヨドバシカメラと鮮やかに情景が浮かびます。場所の知識があり、実際に行ったことがあるから、話していることがよくわかる。

これなら、私も会話に入れます。

自分でも驚きました。スピードは速いまま。さっきまでと同じ二人が話しているのです。変わったのは話題。それだけで、極端に言えば私の中の理解度は0％から100％に急上昇しました。

おそらく、大阪の話に移る前にも、淀屋橋や阪急百貨店に相当するようなアメリカの地名や店名が、彼らの話の中で連発されていたのでしょう。

しかしそれらは、私にはなじみのない言葉で聞き取れなかったし、たとえ聞き取れていたとしても、知識がないのでどこのことか、イメージがわきませんでした。

**情報や背景知識を共有していないと、なかなか聞き取れないし、理解できないものなのです。**

英語がわかる、わからない。その差の秘密は、案外こんなところにあるのです。

もちろん、高い英語力が理解を助けてくれることは間違いありません。しかし、それと同時に、知識や経験、情報の有無が、理解力を左右することは多いのです。

## 英語コミュニケーションの４つのステップ

外国人と話していて、相手の言うことがどうもわからない、質問になかなかうまく答えられない、そんな経験は誰にでもあると思います。そのときのことを思い出してみてください。

そして、次の４つのステップのうち、どこでつまずいてしまったのか考えてみましょう。

① 相手の英語が聞き取れなかった。
② 英語は聞き取れたが、その意味がわからなかった。
③ 英語は聞き取れたし、意味もわかったが、何と答えればよいのかがわからなかった。
④ 英語は聞き取れたし、意味もわかったし、何と答えればいいのかもわかったけれど、それが英語で言えなかった。

相手の英語が聞き取れ、意味が理解でき、答えがわかって、それが英語で言える。この4つのステップがすべてクリアできて、初めてコミュニケーションが成立します。

たとえば、相手がこう言ったとしましょう。「What is Abenomics?（アベノミクスって何？）」

第1ステップでは、英語が音として聞き取れること、それが肝心です。

この場合は、「Abenomics」の聞き取りがポイントです。音が聞き取ればOK。ご賢察のとおり、知っている言葉は聞き取れる可能性が高く、知らないと低くなります。

次に、第2ステップ。「アベノミクスって何？」と聞かれたことはわかった。でも、「アベノミクスなんて初耳だ」、これでは先へは進めません。

アベノミクスが安倍元首相の掲げる経済政策だということを知っていて、初めて第2ステップクリアです。

第3ステップをクリアするには、アベノミクスについてのより深い知識が必要となります。言葉を知っているだけでは不十分で、内容を知り、理解していないといけません。

アベノミクスが「大胆な金融緩和」「機動的な財政政策」「民間投資を喚起する成長戦略」の3つの政策の総称であるという知識、さらにそれぞれの政策についても、具体的に説明できるだけの知識と理解度が求められます。

そして、最後の第4ステップ。ここでは、第3ステップで述べた内容が、英語で言えることが要件です。

3つの政策が、戦国大名・毛利元就の故事にちなんで、「3本の矢」と呼ばれていることなども、英語で説明できるようならなおいいでしょう。

お気づきになったことと思いますが、**全ステップを通して、コミュニケーションの鍵となるのは「知識」です。**

アベノミクスのことを熟知している人が、ステップ1で「Abenomics」という言葉をとらえ損ねることはまずありません。当然、その意味も答えるべき内容もよく知っていますから、ステップ2も3も問題なく通過できます。十分な知識と内容の理解があると話は早いのです。

こう考えると、準備が必要なのは、第4ステップのみ。**備えるべきは、必要な単語調べと、内容を英語で話すためのイメージトレーニングとなります。**これで、上質のコミュニケーションが取れるようになります（これらについては、第3章でくわしくお話しします）。

### 逆に、専門知識がないと、コミュニケーションはどうなる？

私は通訳者として、技術や財務、医療などの専門家の集まりにしばしば呼ばれます。そこでいつも感じることは、専門家は、たとえ英語のレベルが十分でなくとも、その分野においては非常に高いコミュニケーション能力を有するということです。

彼らは内容に精通しており、難解な専門用語にも明るい。つまり、話題についてのコンテクスト（背景・状況）があらかじめ共有されている。こうしたことが、その場の発言理解や意思疎通の大きな助けになっています。

専門分野に関してなら、たとえ英語力がプアでも、担当者のコミュニケーション能力は、プロ通訳者と比較しても遜色がないと感じるときさえあるのです。

私のサラリーマン時代も、仕事の話なら、なんとかなりました。まだそれほど英語がうまくなかった時代でも、車の技術の話ならそれなりに通じたのです。

まったく逆のケースを経験したこともあります。ある商談の通訳に呼ばれたときのこと。検査装置の商談で、こちらが買い手、先方が売り手です。

そのときの相手企業の通訳者は、英語ネイティブのアメリカ人でした。もちろん、英語は立て板に水、日本語もそれなりにできます。

ところが、この人には技術知識がまったくなかったのです。自社製品の技術内容ぐらいは知っていてもらいたいところですが、その素養がない。おそらく、英語力だけを買われて起用されたのでしょう。

これでは、バイヤーの質問の意味が理解できません。トンチンカンな答えばかり返ってきます。

**ネイティブといえども、技術に明るくないと、専門的な打ち合わせでは通訳にならないのです。**彼らが帰ったあとで、インド人のバイヤーがひとしきりぼやいていました。

「英語ができればいいという問題じゃない。大切なのは技術の中身だ！」

たとえ英語ネイティブの通訳者でも、知識がないと通じるようには話せないのです。

それくらい、知っていることは話しやすく、知らないことは話せない。ここに、仕事から英語に入ることの合理性があります。**あなた以上に、あなたの仕事のことを的確に話せる人はいません。**

**専門知識のある人が英語を身につけると、余人をもって代えがたい存在になるのです。**プロの通訳者も、舌を巻く存在になると言っても過言ではありません。

プロ通訳者となった私が、いま仕事に行く前に真っ先に手をつけるのは、案件に関する知識を仕入れ、内容を理解することです。

もしそれが商談なら、その企業や製品、技術についてできるだけ広く、深く知ること、送られてきた資料の中身を十分に理解すること、問題の背景やこれまでの経緯をしっかり把握することに努めます。

要は、案件に関する知識と理解を、できるだけ高いレベルまで捕捉しておくことです。

## 【理由2】仕事の英語はいつもリアル

### 仕事の英語は、つねに真剣勝負！

2つ目は、「仕事の英語は、つねにリアル」、すなわち真剣勝負だからです。

「英語を身につけたい」と思ったら、自分にとっていま必要な話題、話す機会が一番多い話題、つまりリアルな話題から取り組んでいく――それが賢明な方法であり、効率的なやり方です。

なのに、一般の英語学習において取り上げられるトピックは、当人が直面している状況とは、ほとんどの場合、無関係なものです。

自動車会社のエンジニアが、英会話学校でビジネスコースを受講するとしましょう。

そこで提供される教材やロールプレイは、往々にして当人にとってはまったくリアリティがない。たとえば、自動車のエンジニアなのに、スマートフォンの営業をする設定だったりするのです。

これでは、現在の自分の立場と職種も製品も違います。当然、話す内容も、頻出単語も違ってきます。せっかく覚えても、使う機会は非常に低いでしょう。

**リアリティがないと、学びのモチベーションはわきにくいものです。**「この単語、仕事でも出てくるな。この表現、仕事で使えそう」と思うから、やる気が出るのです。実際に使う機会があるリアルな英語に取り組むべきです。

自分自身に問いかけてみてください。その英語、あなたにとってリアルですか？

## 仕事の英語は、具体的な結果がついてくる

その点、仕事の英語は実にリアルです。それが、仕事で英語が身につく理由の一つ

です。教室英語のように、「できなくてもまあいいや」ではすまされません。担当者なら、逃げられない。

もちろん、失敗は許されます。しかし、失敗であれ成功であれ、そこにはいつもリアルな結果がついてきます。だから、プレッシャーもあり、最善を尽くさざるを得ない状況が待ち受けているのです。

私の場合もそうでした。目標や日程が決まり、やり遂げることがサラリーマンにとっては至上命令です。自分が動かないことには、何事も先へは進まない。誰も助けてはくれません。

「練習は、つねに本番のつもりでやれ！」とよく言われます。素振りは実際にバッターボックスに立っているつもり、俳優の稽古は本番の舞台のつもり、ピアノの練習は観客がいるつもり。通訳練習の場合だって同じです。

練習とはいえ、目の前にクライアントがいる、あるいはブースの中で実際に同時通訳しているつもりでやる。それが一番身につくのです。

英語の学習も、自宅や学校では甘さが出ます。でも、仕事は違います。仕事なら真剣にならざるを得ません。やったことには具体的な結果がついてくるからです。**会議や打ち合わせは一回一回がリアル、真剣勝負の本番です。**

その緊張感は、英会話学校でのレッスンやロールプレイとは本質的に違います。準備だって、仕事の場合は入念に行うでしょう。

普通は、学校の宿題をやる何倍もの時間と労力をかけて準備をするはずです。**真剣にやればやるほど、上達効果が上がるのは自明です。**

責任もあり、それだけに緊張感を伴う仕事の英語。その大変さをポジティブに発想転換し、英語上達の好機ととらえましょう。

「今回はよく通じた、何がよかったのだろう?」「あそこはしくじった、次回はあのデータを準備して説明してみよう」といった試行錯誤の繰り返しです。一回一回を大事に積み上げるのです。

**仕事なら、モチベーションは維持されます。**続けると英語は上達するのです。

## 【理由3】仕事の英語は使用機会が多い

### 自己紹介と仕事の英語

仕事を通じて英語が身につく3つ目の理由は、「仕事の英語は使用機会が多い」ということです。

あなたの人生で一番話す機会が多い英語は何でしょうか？

それはおそらく、「自己紹介」でしょう。

いま、あなたに求められているのは、自分自身について話すこと、それさえできればいいと思ってください。政治や経済について話す必要はないし、聞かれることもありません。

その代わり、自分のことについてはどんな質問が出ても英語で答えられるようにしてください。


次に、政治・経済から医療・科学、芸能・スポーツまで、どんな話題が出てきても話せるだけの英語力を１００とします。では、自己紹介限定なら、どれだけの英語力が必要になると思いますか？

自分のことさえ話せれば十分ということなら、１もあれば足りるのではないでしょうか。すべてをカバーする１００の準備はすぐには不可能でも、１なら簡単に準備ができるはずです。


ならば、１の労力で話題の１００％がカバーでき、しかも出番もきわめて多い、自己紹介の英語に、もっと時間をかけてもよいのではないでしょうか。

ところが、私たちはともすれば、何でもかんでも話せるようにと、１００の話題をカバーするための努力をしています。

学校では、受験に必要だからとか、いろんな場面に対応できるようにしておく必要があるからとの理由で、一生使わないかもしれない文法や単語を、膨大な時間をかけて学んできたのです。

誤解しないでいただきたいのですが、私は文法や語彙を軽視しているのではありません。基礎となる文法や必要な単語の習得はきわめて重要です。ただ、フォーカスするポイントを間違えないでほしいのです。

**英語から始めないで、必要な話題から入ってほしい。**自己紹介をするために英語が要る、仕事の話をするために英語が要る。

だから、まずはそこに必要な単語について覚えておこう、英語について知っておこう、使えるようになっておこうという順序です。

こうして学ぶ英語が、実際に使う、リアルで使用頻度が高い英語になります。

ニーズが先で、英語は後。**大切なのは話したい内容であって、英語はそのための手段のはずです。**

自己紹介や仕事の話のようなニーズの高い（すなわちよく使う）リアルな話題から始めて、いずれは100の話題がカバーできる英語力に近づく作戦にすべきなのです。

### 使用頻度の多い英語にこそ、一番力を入れるべき

実際、私が仕事を通じて英語を身につけたアプローチが、まさにこれでした。クライスラーとのテレビ会議や電話会議で、いま必要な1を一つひとつ丁寧に準備し、積み重ねていくと、いつの間にか、何が出てきても話せるような英語力が身についていたのです。

とにかく、**いま必要な英語、出番の多い英語を確実に仕上げていくことです。**その作業が英語の土台を強固にし、将来その上に高い構造物の建設も可能にしてくれます。

自己紹介が完璧にできるようになる。仕事のことが何不自由なく話せるようになる。それができたら、そこから学べる英語の学習要素は無限と言ってもいいくらいに多いのです。

完璧な自己紹介には、すぐれた構成や正しい文法が不可欠です。円滑で実りある会議のためには、説得力あるロジックや、わかりやすい構文、適切な語彙選択が必要です。いずれも、あなたの英語力の血となり肉となっていきます。

## 「自己紹介はできるけれど、商談は苦手」のわけは？

「英語で自己紹介はできるけれど、商談は苦手」。こういう人はけっこう多いようです。なぜでしょう？　自己紹介と商談、何が違うのでしょうか？

私は、「定形型」と「非定形型」の違いだと考えています。

つまり、いつも同じこと、型にはまったことを話せばいい自己紹介は「定形型」。

一方、時と場合によって話が変わり、展開が読みにくい商談は「非定形型」というわけです。

「定形型」は事前準備が容易ですが、「非定形型」は準備をしようにも範囲が広すぎてどうしようもないと思われるのでしょう。覚えたことをとにかく話せばいい自己紹介と、突然どんな話が飛び出すかわからない商談や交渉事では難しさが違うと感じるのです。

まして、それを英語でやらないといけないとなれば、「自己紹介はできるけれど商談は苦手」という人が多いのも、もっともなことかもしれません。

でも、それは違います。**商談だって「定形型」にしてしまえばいいのです。**

商談や交渉ごとは、日本語でも難しいものです。何が飛び出すかわからない、というのは交渉ごとの常。

これからはじまる重要な商談の場面を想像しただけで、不安の種は尽きません。

「製品の保証期間や内容を聞かれたら答えられるだろうか？」

「購入量を倍にするから値を下げてくれ、と要求されたらどうしよう？」

「試験の結果は、どこまで開示していいのだろうか？」などなど。


こんなとき、みなさんはどうされていますか？　おそらく、事前に想定質問を考え、その答えを準備するでしょう。**商談における不安の多くは、知識不足や準備不備、判断の難しさなどの問題です。**


「保証期間は5年です。内容の詳細はこの資料をご覧ください」

「数量が倍なら、価格を1割下げます」

「開示できる試験の結果は、ここにまとめてあります」と答えられる準備があれば、何も恐れることはないはずです。


頭の中にすでに回答があるなら、それはもう定形型の話題です。あらかじめ英語にしておけます。

カバーすべき範囲の広さに圧倒されてはいけません。個々の部分に絞れば、それぞれは簡単に定形型になります。

自己紹介が英語できちんとできる人なら、商談が難しいのは英語のせいではありません。単に、定形化の準備が不足しているだけです。

## 定形型の話題を増やせ

要は、自己紹介のように**使用機会の多い話題を自分の中で定形型にし、その数を増やしていく努力をすることです。**そうすることで、**非定形型の話題への対応力が増し、会話に自信が出てきます。**

**これをまずは、自分の仕事の場ではじめるのです。**続けることで、仕事の中のさまざまな話題が定形化されていき、英語力自体も確実に強化されていきます。

ここでちょっと、商談の場面を想像してみてください。あなたは顧客に自社製品をプレゼンし、何とか受注にこぎ着けたいと考えています。席上でどんな話し合いになるか、担当者ならここを懸命に考えるでしょう。

話題に上るのは多くの場合、製品についての次のような項目です。

機能、性能、価格、品質、耐久性、実績、スケジュール、保証、サービス、メンテナンス、顧客メリット、他社優位性、など

これらについて、合理的に説明できるようにデータや資料を準備する。仕事のことなら何がポイントか、想像がつくはずです。あとは英語の準備となります。

仕事の英語も自己紹介の英語も、本質は同じです。製品の「機能」について、日本語でうまく説明できるなら、それをあらかじめ英語に置き換えておくのは、さほど難しいことではありません。

最初は、商談で出番の多そうな「機能」に絞る。**これに集中して英語で言えるようにする。** 関連する単語を覚え、イメージを膨らませながら、製品の「機能」に関することをあれこれ英語で言ってみる。自己紹介と同じように、自社製品の「機能」という話題を、英語表現の定形型にしてしまうのです。

それがすんだら、話題に上る頻度が高そうな順に「性能」、「価格」、「品質」と定形化を進めます。単語学習とイメージを利用した英語トレーニングでどんどん定形型にしていきます（具体的な方法は第3章でお話しします）。

仕事や製品について英語で話せるというのは、自己紹介ができるということと本質的になんら変わりません。一気に製品全体を見てしまうから、機能、性能、価格、何を聞かれるかわからない、と不安になってしまう。

そうではなくて、**高頻度の項目に注目し、順に定形化する。それを繰り返す。** そうすれば、最後は製品全体も定形型の話題になります。

仕事や製品のことなら知識があり理解も十分ですから、専門外の話題に比べ定形化することははるかに容易です。それに、いったん定形化してしまえば、仕事で何度も使えます。定形化の作業の過程で英語力も磨かれます。

このように、**仕事の中で定形型の話題を増やすことは、いいことずくめの英語上達法なのです。**

## 英語の大海に浮かぶ話題の島々。重要なのは自分の島

英語とはコミュニケーションの手段であって、つねに伝えたいこと、知りたいこととセットであるはずです。そう思って図6をご覧ください。

これは、英語コミュニケーションの大海に浮かぶ「話題」という島々の図です。ここでは、私自身のケースをイメージして島の図を描いてみました。

それぞれの話題におけるコミュニケーション力は、先にお話ししたように四角形の

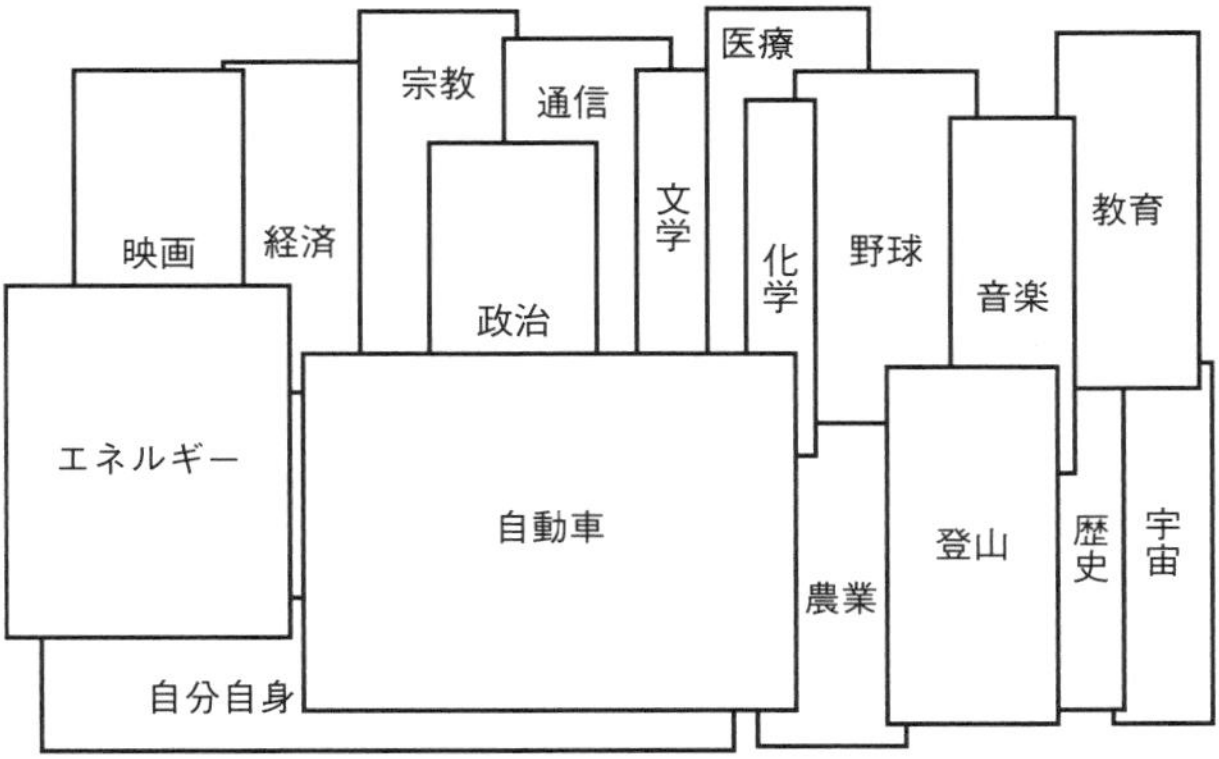


**図6．英語コミュニケーション力　話題の海のイメージ**

面積です。縦辺が英語力、横辺が知識・経験・情報力でした。

私は自動車会社での経験が長かったので、自動車の四角形がほかの話題より大きく描かれています。自動車の前の十余年は、蒸気タービンの設計や発電プラント関係の仕事に携わっていましたから、エネルギーの四角形も比較的大きい。

一番大きいのは、当たり前のことですが、自動車の背後に隠れている自分自身（自分のこと）の四角形です。

一方で、化学や文学にはほとんど興味がなかったので、知識は少なく、横辺は短くなっています。ここに描ききれていない話題も含め、ほとんどの話題が縦長のこの形です。

ここで強調しておきたいのは、私がサラリーマン時代に英語を必要とした話題、使用機会の多かった話題は、ほとんどが仕事に関係したこと（自動車やエネルギー）と、もう一つが外国人と会うたびに必要になった自己紹介（私自身の話）だったのです。化学や文学について英語で話す機会など、ただの一度もありませんでした。

つまり、あれやこれやと何でも話せる必要などないし、話せるようになったとしても、使う機会はまずないというのが現実です。だからこそ、まずは必要な話題、使用機会の多い話題について話せるようになることです。

そうは言っても、「それではつまらん。自分はどんな話題でも自由に英語で話せるようになりたい」というのがみなさんの希望かもしれませんね。

ご心配は無用です。自分自身のことについてきっちり話せるようになると、その時点で英語の運用力自体がちゃんと高まっています。

エネルギーについて話せるようになると、もっと高まります。さらに自動車もカバーできた時点で、英語力の縦辺は相当長くなっています。

**話題を一つ定形化すると、英語力はグンと伸びる。**それを続けると、グングン伸びるというわけです。

実際、私自身がそうでした。現在の私は政治についても、経済についても、スポーツについても英語で話せます。

それは、仕事を通じて次第に英語力（縦辺）が身についたからにほかなりません。仕事という限定の話題であったけれど、それを繰り返すことでちゃんと実力がついていったのです。

今でも、通訳の仕事で新しい話題に取り組むときには、**まず知識・情報で横辺を伸ばし、次に関係語彙を覚え、英語のイメージトレーニングをして縦辺を伸ばします。**

それだけで、その話題に関する英語コミュニケーション力の四角形は、短時間で大きくなります。

直近の仕事では、「水洗トイレ」に関する通訳をやりました。そんなときには、あらかじめ水洗トイレの四角形を大きくしておいて現場に臨みます。

水洗トイレの知識を仕入れ、単語を覚え、資料に書かれている内容や、想定されるやり取りを英語で言ってみる。それが四角形を大きくする作業です。

トイレの製造工程や最新技術、歴史などを調べて、頭に叩き込んでいきます。話さなければならない話題、ニーズが発生した話題の四角形を大きくしていくのです。

**仕事の話題で培った英語コミュニケーション力向上のアプローチは、話題が変わっても応用できます。**後述する具体的な学習方法を参考に、まずは今の仕事の四角形を大きくするための努力を始めてみてください。

## 【理由4】仕事の英語はつねに話題限定

### クライスラーとの仕事でわかったこと

仕事を通じて英語が身につく4つ目の理由は、「仕事の英語は、つねに話題限定」ということです。

私が50歳のとき、勤めていた会社が突如外資の傘下に入ったことは、先にお話ししたとおりです。ダイムラー・クライスラー、誰もが認めるグローバル企業です。

私がいた会社は旧財閥系で、外資とは最も縁遠そうに見えていたのですが、それがまさかの外資系へ大変身です。あれよあれよという間に、社長をはじめ多くの幹部がドイツやアメリカからやってきました。

仕事のシステム統合や、部品の共同購入、仕様の横通しなど、相乗効果を上げるための施策が急ピッチで進められ、私も有無を言わせずその中に組み込まれていくことになりました。

オフィスの中はもちろんのこと、食堂や売店まで急に外国人であふれかえりました。50歳で初めて経験する外資系企業です（今のご時世、あなたの会社でもいつ起こっても不思議ではありません！）。

そんななか、私が参画したのはクライスラーとの車の共同開発でした。外観や内装はそれぞれ独自のデザインで、エンジンや駆動系など、外から見えないところには共通の部品を使おうという、自動車会社ではよくある協業のパターンです。

当時、私は駆動系を担当していましたので、クライスラー側のパートナーと約2年の間、一緒に仕事をすることになったのです。

この間、プロジェクトの進捗フォローのために、少なくとも週1回はアメリカと結んでテレビ会議や電話会議を開きました。そこで仕様の打ち合わせから、部品のメーカー選定、試験結果への対応などの話題を次々と協議し決定していったのです。

車載する部品や機器の開発にかかわる込み入った話を、英語で、それもテレビ画面や電話を通して打ち合わせするのですから、簡単なことではありません。

当時は、まだそれほど英語が達者ではなかったので、山積する懸案事項を前に、こんなことを続けながら、車の立ち上げまで無事にたどり着けるのかとても不安でした。日程どおりに進めるためには、英語ゆえの、異文化ゆえの、コミュニケーションの壁を乗り越えなければなりません。

こちらの主張を理解させ、合意を取りつけるには何が必要か（ロジックやデータ）、限られた時間の中で所要の協議を終えるにはどうすればよいか（構成や進行）、誤解なく正しく伝えるためにはどんな表現を使うべきか（文法や語彙）などと、会議のたびごとに考えなければならないことはいろいろありました。

それはもう大変でしたが、このときの経験から、仕事の英語について次のような、貴重な教訓を得ることができました。

**その日の議題に関することさえ、きちんと話せたらそれでいい。**会議の席では、あれもこれも話せる必要はない。

その代わり、**議題については何を聞かれても対応できるようにしておくこと。**それを続けていると、英語の力は次第についていくということです。

仕事の英語では、話題はいつも限られた狭い範囲のことでよかったのです。それさえ話せれば、議題以外のことが話題になることなどまずありませんでした。

## 扱う話題はいつもきわめて限定的

仕事の英語は、毎回の話題がきわめて局所的、限定的だということです。図7を見てください。

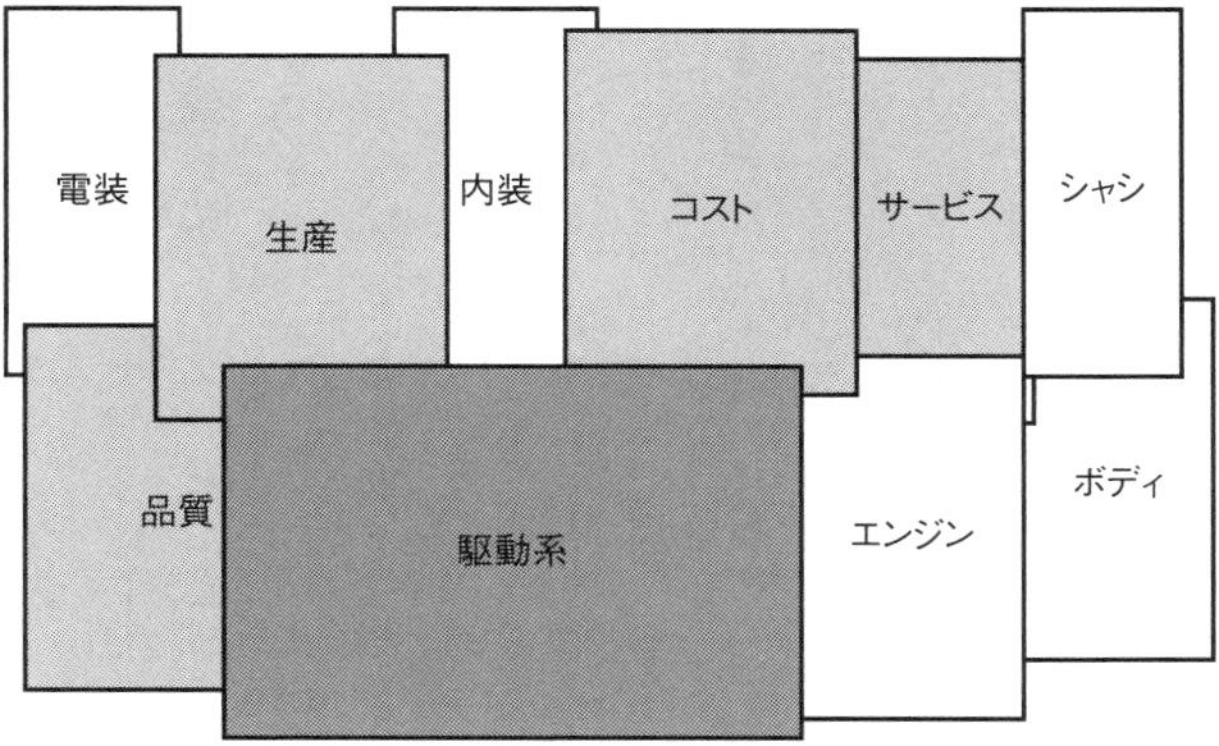


**図7．自動車に関する**
**英語コミュニケーション力の中身のイメージ**

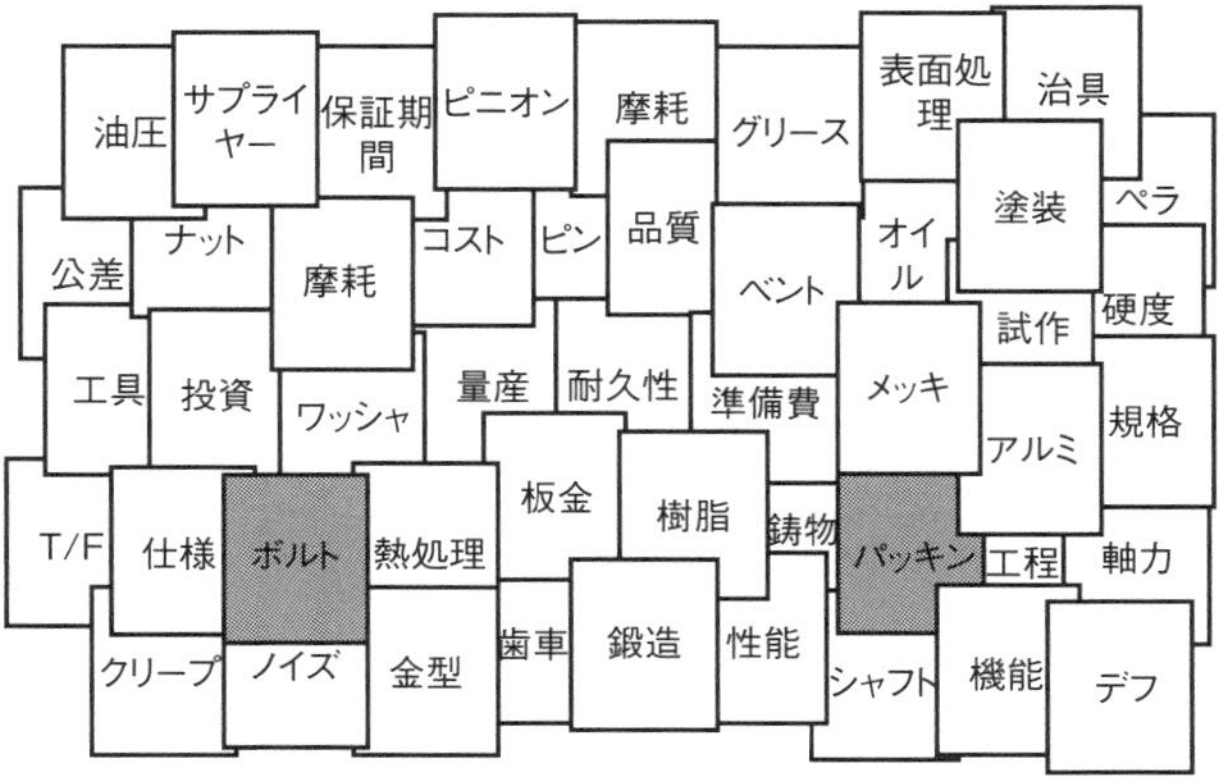


**図8．「駆動系」に関する**
**英語コミュニケーション力の中身のイメージ**

これは、先に出てきたコミュニケーションの島々のイメージ図から、自動車の部分を引っ張り出してそれを話題分けしたものです。私の担当だった駆動系の四角形が大きく横長になっていることにご注目ください。

図8では、その駆動系に関する話題の島を抜き出してさらに細分化しています。いっぱいあるように見えますが、これでもほんの一部です。もっと言えば、下の図にあげた個々の話題も、より細かく分類できるのです。

たとえば、ボルトに関してなら、ゆるみ、破断、トルク（ボルトを回す力）、軸力、メッキなど、パッキンなら、漏れ、材料、耐熱性、耐油性、メンテナンスなどなど。細分化しだすときりがありません。

みなさんの仕事も、おおむねこんなふうに、話題ごとに細かくブレイクダウンできるはずです。

しかし、これらの話題すべてについて英語で話せないといけないのかというと、決してそんなことはありません。**話す必要が出た話題について、必要が出たときに話せるようになればいいのです。**

一口に自動車といっても、私が英語で話さなければならなかったのは、主には上の図の駆動系の部分と、それにかかわるコスト、品質、生産、サービスぐらいのものでした。内装やシャシについては、話す機会も必要もまずなかったのです。

また、駆動系の中でも、一回の会議に限れば、関係する範囲はそのうちのほんの一部、話すべき内容はきわめて限られたものでした。

ボルトで何か問題が起こったときには、そのことだけを話す（例：加振試験でボルトがゆるんだ）。パッキンで何か起こったときには、そのことだけを話す（例：耐久試験で油が漏れた）。範囲といい、難易度といい、一つひとつを取り上げたら、大したことはありません。

**要は、俎上に上がった当該の問題について徹底的に準備する。毎回がその繰り返し**

です。

**しかし、その繰り返しがやがては大きな力になるのです。**

## 話題限定で、英語コミュニケーション力の四角形を大きく育てる

ポイントは、日々の打ち合わせは話題限定だということ。やるべきなのは、その限定話題に確実に対処すること、そしてそれを続けることです。

私は毎回の会議で、その日の議題について、できるだけわかりやすく話せるように、また単語や表現がスムーズに出てくるように、入念な準備をしていきました。

そうすると、議題の内容に関してなら、単語の断片だけでも聞き取れたら、相手の言いたいことが何となくわかるのです。

聞かれそうな質問も、あらかじめ想像がつきます。だから、答えのイメージもだいたいできている。想定問題に対する模範回答を準備して試験に臨む、そんな感じです。

とにかく、一つひとつ合意をとって決めていかないことには、プロジェクトが前に進まないのですから必死です。ほかの話はできないけれど、その日の議題の話なら大丈夫なように準備したのです。

それを毎回続けました。その結果、この2年間で我ながら英語の力は飛躍的に伸びたと感じました。

とりあえず、いま必要なことがきちんと話せたらそれでいい。仕事の英語は、毎回が話題限定です。準備しておくべき範囲は、それほど広いものではありません。

限定された話題に関して、背景知識を押さえ、内容を理解し、関連語彙を調べ、会議の様子をイメージし、言いたいこと（言うべきこと）を英語で練習しておく、あくまでその話題に限って、これだけのことをやるだけです。

**大事なことは、「知識獲得」「内容理解」「単語学習」「英語イメージトレーニング」です。**

「知識獲得」と「内容理解」で英語コミュニケーション力の四角形の横辺を、「単語学習」と「英語イメージトレーニング」で縦辺を伸ばすのです。

話題限定ですから、いろいろ調べても、負担はそれほど大きくありません。何でもかんでも話せる必要はないのです。話題と関係のない単語など、調べておく必要はないし、そもそも会議で出てくる可能性もありません。

一回一回は話題限定ですが、それを毎回続けたら、英語力は確実に身につきます。私の場合、その延長線上で、定年後の通訳が可能になったと思っています。

毎回の話題で、英語コミュニケーションの四角形をできるだけ大きく育てていく。その結果として、英語力そのものが間違いなく向上していくのです。

## 仕事は英語を磨く実践道場。英語のＰＤＣＡを回し続けて実力アップ

仕事を円滑に進め、業務の改善を図る手法の一つに、「ＰＤＣＡサイクル」と呼ば

れるものがあります。

PDCAとは、Plan（計画）、Do（実行）、Check（評価）、Act（改善）のこと。ビジネス書などでは、「PDCAサイクルを回せ」ということがよく言われます。

この4ステップを順に行って、一周したら次のPDCAサイクルにつなげる。あたかもらせん階段を登っていくように、一回一回スパイラルを描きながら次第にレベルアップし、業務の継続的な改善を図るというものです。

「仕事を通じて英語を身につける」プロセスはこれに似ています。私がクライスラーとの車両開発プロジェクトで、2年余りにわたって英語に関してしてきたことはこれでした。

業務を円滑に進めるために、その日の議題について事前に計画（Plan）し、会議を実行（Do）し、会議終了後に評価（Check）し、次にどうすべきか改善（Act）を考える。

こんなこと、当時は英語を身につけようと意識しながらしていたわけではありません。仕事を前進させるためにしていただけです。

しかし、いま考えてみると、毎週のテレビ会議で私がしていたことは、結果的にその日の議題について、英語のPDCAを回していたのと同じことだったのです。

具体的にしていたことといえば、「ボルトゆるみ」が議題の会議では、そのPDCAサイクルを回し、「油漏れ」が起こったときには、その話題のPDCAサイクルを回す。

一回の会議で扱う限定の話題に関して、しっかり準備する。そうしたら、PDCAが1サイクル回るたびに、英語力がほんのわずかずつ伸びた。

**一回の伸びは、とても認識できるほどのレベルではありません。しかし2年間続けたら、はっきりした進歩になっていたのです。**

英語勉強のPDCAでは、特にP（計画）が重要です。ボルトがゆるんだケースなら、発生時の状況を調べ、トルクや油の塗布状況のデータをそろえ、原因を特定し、対策案を立てる。つまり、知識の充足と内容理解です。

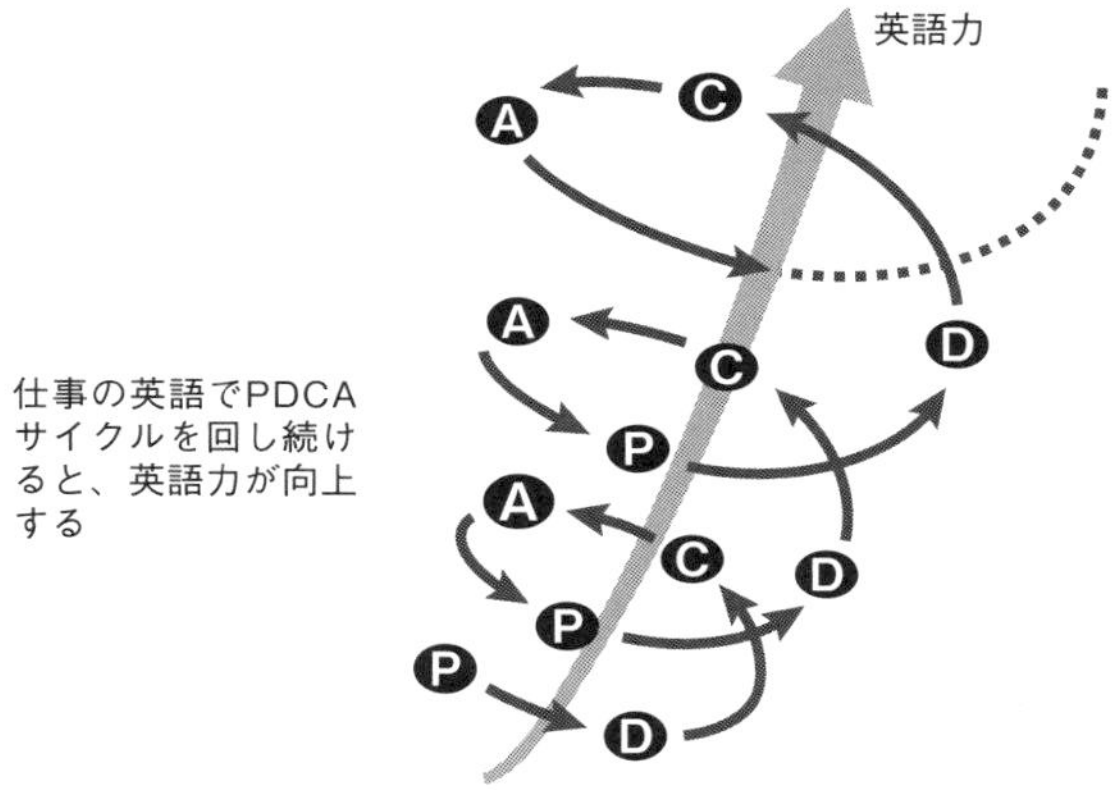


**図9．PDCAスパイラルで、英語力アップ！**

そして、会議で説明、協議している状況を想像しながら、出てきそうな単語を調べ、話す文章をイメージし、それをぶつぶつと口に出して練習する。これは、先述の英語コミュニケーション力の四角形の拡大です。

ここまでやっておけば、その会議で必要なことのほとんどがカバーできます。こうして、話題ごとにPDCAを回し続けると、英語の実力がついてきます。

**仕事が進んで、英語もうまくなる、まさに一石二鳥です。**

定年後通訳が可能なほどの英語力も、も

とをたどれば、毎回、限定話題でＰＤＣＡを回し続けた結果です。**「仕事を通じて英語を身につける」方法というのは、結局、仕事の中で英語のＰＤＣＡサイクルを回し続けるということにほかなりません。**

定年後通訳者となった現在も、仕事のたびにしていることは基本的にこれと同じです。通訳の案件が「自動車の生産ライン」ならそのＰＤＣＡを、「日本企業のカイゼン活動」ならそのＰＤＣＡを回します。

案件が変わっても、やることはいつも同じ。Ｐ（Plan）で「知識獲得」「内容理解」「単語学習」「英語イメージトレーニング」をし、そのあとＤ、Ｃ、Ａを具体的に回す。その繰り返しです。

会社の仕事であれ、通訳の仕事であれ、仕事を通じて英語のＰＤＣＡサイクルを回し続ける――それで間違いなく英語力はついてくるのです。

## 【理由5】仕事だからこそ、モチベーションが維持できる

### 英語習得の生命線、それは続けること

最後の理由は、「仕事だからこそ、モチベーションが維持できる」ということです。これは、仕事をされている方であれば、誰でも理解しやすいのではないでしょうか。

何事も続けることで上達する。特に語学学習は、その傾向が強いように感じます。続ければ、必ずうまくなる。わかりきったことなのに、英語ができないと嘆く人が多いのは、みんな続けられないのです。だから、困っている。

何かのきっかけで「よし、今度こそは絶対に英語をマスターするぞ！」と意気込んではじめてみても、しばらくすると当初の熱はどこへやら、へなへなと気力がなえた自分に再会するはめになるのです。人によっては、二度や三度のことではないはずです。

「ああ、なんと自分は根気のない、ダメな奴か」と嘆息する。そういう人たちは、モチベーションの維持、管理が下手なのです。

**英語上達のためには、モチベーションをいかに持続させるかが一番の鍵です。**

これさえうまくマネジメントできたら、事は半分以上がなったも同然です。

## 仕事こそ、モチベーション維持の最大の味方

英語学習のモチベーションを高く維持し続ける一番の方法は、何といっても仕事です。「仕事で使う」となったとたんに、モチベーションは一気に高まります。

自分自身を振り返ってみても、仕事で英語を使う機会があまりなかった50歳のころまでは、私の英語学習は行き当たりばったりでした。

海外出張があって、コミュニケーションで苦労して帰ってくると、途端にモチベーションが上がって「英語、勉強しなきゃ！」と思うのですが、その仕事が終わってしまうと急速に熱は冷めてしまう、その繰り返しでした。

しかし、会社がダイムラーの傘下に入った50歳からの数年間は、英語へのモチベーションは上がりっぱなしでした。特に、先述のクライスラーとの車の共同開発の2年間はそうでした。

どうしても仕事で必要だったからです。仕事だからこそ続いた2年間、仕事だからこそ維持できた英語のモチベーションだといえます。

サラリーマンにとっての仕事は、人生のある時期においては、生活の大半を占める部分と言っても過言ではありません。仕事は生活の糧であり、知識や経験の宝庫であり、やりがいの源泉でもあるはずです。

その仕事で英語が必要になる、英語ができないとお話にならないとなったら、これは相当なインパクトです。英語力獲得の大きなモチベーションになることは間違いありません。

もし、あなたに海外との仕事に従事するチャンスがあるのなら、まずは積極的に手を挙げてほしいと思います。それが第一歩になります。**仕事で英語を使う機会をつくること、それがモチベーションを維持し、上達へ向かう最善、最速の道なのです。**

## モチベーション維持のための小さなコツ①
## ――同好会や大学市民講座に参加する

仕事が学習のモチベーション維持に一番であることは間違いないのですが、残念ながら、まだ縁がないということもあるでしょう。その場合はどうすればいいでしょうか？

ちょうど、私の30歳から50歳までがそんな期間でした。たまに海外との仕事が舞い込んできますが、大部分は日本語だけの時間で過ぎていきました。

しかし、その間も、いつか必ず、また英語を使う（使わざるを得ない）ときが来るという予感（恐怖？）はありました。それでこの間も、なんとか英語との縁が切れないようにと、なるべく続けるようにしていたことがあります。

それが、**英語同好会や大学市民講座への参加**です。

同好会の参加者は一般に熱心で、かつ個性豊かな人が多いように思います。いろいろな英語同好会がありますが、どの会も活動内容はなかなかユニークです。ネットで探すとたくさん出てくるでしょう。

興味を持ったら、一度訪ねてみることです。想像しているのと、実際に体験するのとでは大きく違います。自分に合った同好会が見つかれば、刺激をもらいながら楽しく学べますので、学習継続のよきパートナーになると思います。

一方、市民講座の方は、講師が大学の先生である場合が多く、一般に授業のクオリティが高いのが特徴です。プログラムも何か興味あるテーマを決めて、その中で英語を学ばせるように工夫されたものがいろいろあります。

私が経験したなかにも、すぐれもののコースがたくさんありました。いま思い出しても楽しかったのは、「ビートルズで英語を学ぶ」コース。ビートルズの音楽を聴いたり、歌詞を読んだり、ビデオを見たり、歴史やエピソードを調べたり……そんなことを通じて、英語を学ぶのです。

まず、ビートルズという「主題」が先にある。それを英語という「手段」を使って学ぶ。その中で、自然に英語力も培われていく。「仕事を通じて英語を身につける」発想と同じです。

このときに私が教わったアメリカ人の先生は博識で、音楽の素養も深く、ビートルズの大ファンでもありました。私は毎回の授業に出席するのがとても楽しみで、コースが終了したときには、家のCD棚にビートルズの全アルバムが揃っていたぐらいです。

「今は日常的に英語を使う機会はない。しかし、英語は続けたい」という方は、モチベーション維持の仕掛けとして、ご自身の好みやレベルに適した同好会や市民講座を検討されてはいかがでしょうか。

しかし、同好会や市民講座に参加しても、そこでの学習だけでは、しょせん週に数時間程度のものです。それだけでは、語学学習にはまったく不十分です。こうした機会は、あくまで英語モチベーションを維持するための仕掛けと考えるべきです。

そこに参加するから、英語との縁が続く、そういう目的です。本当の実力は、日々の地道な学習の中でこそ養われるものです。

## モチベーション維持のための小さなコツ②——資格試験に挑戦する

モチベーション維持の一方策として、**英検やTOEICといった資格試験に挑戦するのもおすすめの方法です。**

知り合いのある女性は、英検の1級に数十回挑戦し（十数回ではありません）、遂に目標を達成されました。1級取得はもちろん立派ですが、真にすばらしいのは、その過程で彼女がきわめて高い英語力を獲得されたことです。

今では子どもたちに英語を教え、ご自身は海外に頻繁に旅行し、自宅に留学生を受け入れ、彼らの帰国後も長く交流を続けておられます。

別の友人は、TOEICの高得点を目指して繰り返しテストにチャレンジし、その結果として何度も満点を取得するほどの実力をつけられました。

現在は英会話学校を経営し、ご自身の経験を活かしたTOEICの指導を始め、後進の英語力向上のために尽力されています。

お二人とも、英検1級やTOEIC満点を獲得することが、学習持続のモチベーションになっていたことは間違いありません。

そして、結果的にそのごほうびとして、本物の英語力を身につけられたのです。

英検1級やTOEIC満点なんて、非常に高い目標だと思っていらっしゃる方は多いことと思います。私も、昔はそう思っていました。

英検1級の試験に出る単語を見て、「こんな単語、見たことも聞いたこともない」と思ったものです。また、あの問題量が多いTOEICで満点を取る人がいるというのも信じられませんでした。

しかし今では、英検1級、TOEIC満点です。続けてさえいたら何とかなる。継続こそ力です。

作家・宇野千代さんの言葉に、「小説は誰にでも書ける。それは毎日、ちょっとの時間でも、机の前に座ることである」というものがあります。毎日、ちょっとの時間でも、机の前に座る。何かを始めるには、まずそのための形をつくる。英語を勉強するために、まず座る。同好会や市民講座の予習、復習をするために、とりあえず座る。

**とにかく、体勢を取ることです**。それが続けられたら、英語は誰でも身につきます。

「英語は誰にでも身につく。それは毎日、ちょっとの時間でも、机の前に座ることである」。これもまた、真理です。

# 第3章

# 仕事を通じて英語を身につける4つの勉強法

## ―How?―

「英語力を伸ばすには、何が重要か」と聞かれたら、私は迷わず、**「知識」「語彙（単語）」「英語イメージトレーニング」「文法」**と答えます。

そこで、この第3章では、

**勉強法１：まず、知識を最大限に増やす（活用する）**
**勉強法２：仕事の語彙は、単語帳をつくって覚える**
**勉強法３：「イメトラ」と「サイトラ」で、イメージを英語にする**
**勉強法４：文法は、仕事の中で試して磨く**

について、くわしくご紹介していきます。

そのほかにも、長きにわたって学習者の支持を得ている英語の勉強法はたくさんあります。それらについても、私の経験を踏まえながら、本章の最後に紹介しました。

これらの学習方法を存分に駆使し、仕事や興味のある話題について、バランスの取れた英語コミュニケーション力の大きな四角形をつくり上げていってください。

## 【勉強法1】まず、知識を最大限に増やす

この第3章では、英語学習の場としてわかりやすいように、「東京オリンピック」を例に取り上げることにします。

「東京オリンピックは私の仕事と関係ない」と思われた方もいらっしゃるかもしれません。

でも、結局のところ、話題がオリンピックであれ、仕事であれ、英語上達のためにやるべきことは基本的に同じです。

私がクライスラーとの仕事でしてきたことも、また通訳者になってから日々の仕事の準備でしていることも、ここでオリンピックを例にお話しすることとなんら変わりはありません。

読後、「この勉強法なら自分にもできる！」「早速、今の仕事で取り組んでみよう！」「今年中に必ず英語を身につける！」などと感じていただけたら幸いです。

なお、以下の内容は7年前の私が考え、実践したことになりますのでご留意ください。

## まずは、知識を増やすことに集中

私は東京オリンピックで、一流アスリートたちの通訳を一度はやってみたいと思っていました。期間中、東京に張りついて、ずっと通訳をしていたい――そんな希望を持っていました。

陸上短距離の花形選手や、競泳で何冠も獲るような選手、……少し前のことになりますが、私の中のヒーロー、陸上のカール・ルイス選手や水泳のマーク・スピッツ選手のような世界的アスリートのそばで通訳がやれたら最高です。

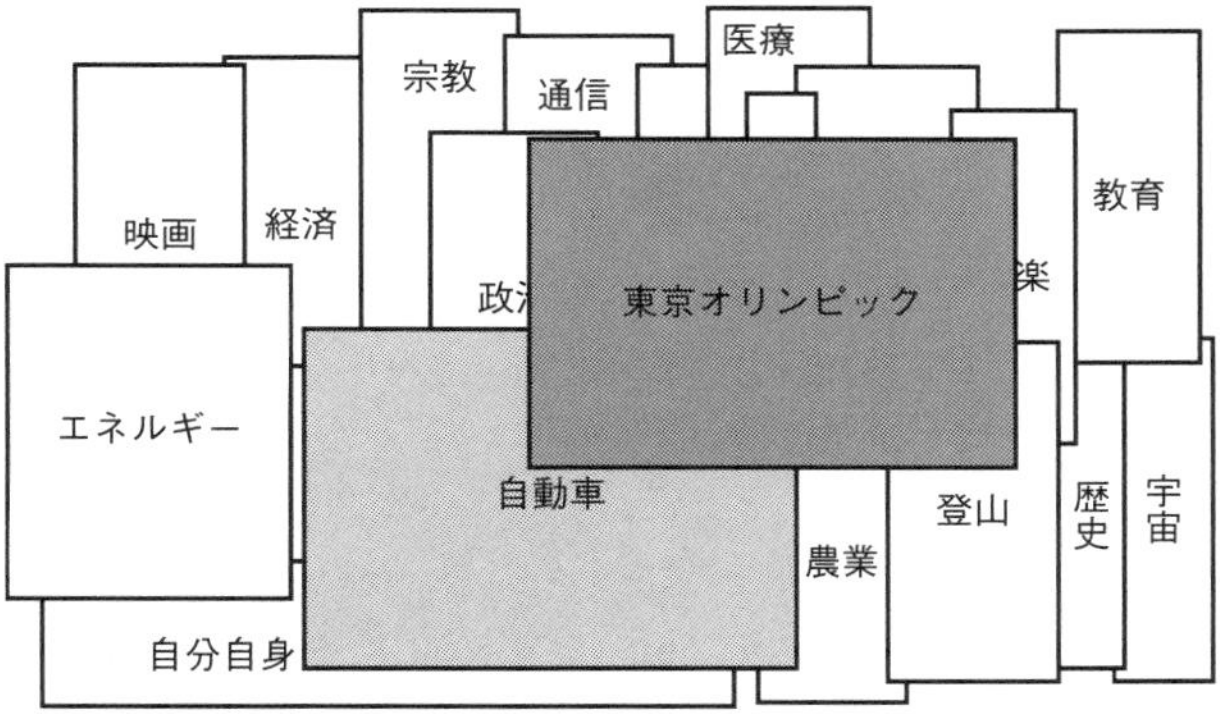


**図10. 英語コミュニケーション力**
**話題の海に「2020東京オリンピック」を追加**

それでは、オリンピックで通訳者として働くために、当時の私がしなければならないこととは何でしょう?

それは、英語コミュニケーションの大海に浮かぶ話題の島々の中に「東京オリンピック」という島を新たに浮かべること、それも私の専門である「自動車」に負けず劣らず大きな島として出現させることです。

図10をご覧ください。前出の「英語コミュニケーションの話題の海」に「自動車」と同じ大きさの「東京オリンピック」の島を重ねてみました。こんな感じに、大きく立派な「自動車」並みの四角形を追加した

いのです。

しかし、当時の私の「東京オリンピック」の四角形はちっぽけなものです。「自動車」に比べると横辺の知識は著しく短いし、縦辺の英語力も語彙の量など考えると、自動車より短いことは否めません。

これでは、オリンピックで英語を使って十分な活躍はできません。

前章で、英語のコミュニケーション力を高めるために必要なことは、**「知識獲得」「内容理解」「単語学習」「英語イメージトレーニング」**だとお話ししました。

英語コミュニケーション力の四角形を思い出してください。「知識獲得」「内容理解」は横辺を伸ばすため、「単語学習」「英語イメージトレーニング」は縦辺を伸ばすためでしたね。

やるべきことは確認できました。

**まずは、東京オリンピックの知識を増やし、内容の理解を深めることに集中します。**

英語そのものの話ではありませんが、ここを充実しておくことが後々、非常に役に立ちます。

コミュニケーションとは結局、中身の話であって、手段たる英語は本来、二次的なものです。**何でも話せる英語を求めるのではなく、オリンピックについてなら話せる英語を目指します。**コミュニケーション力は四角形の面積ですから、横辺（知識）で稼いでおくことには十分な意味があるのです。

「知っているということは強い！」。このことを、いま一度肝に銘じてほしいと思います。

## 英語コミュニケーション力が必要な分野を明確にする

一口に東京オリンピックといっても、その範囲は非常に広いものです。ちょうど、「自動車」の中に、エンジンや駆動系、ボディやシャシといったさまざまな設計区分

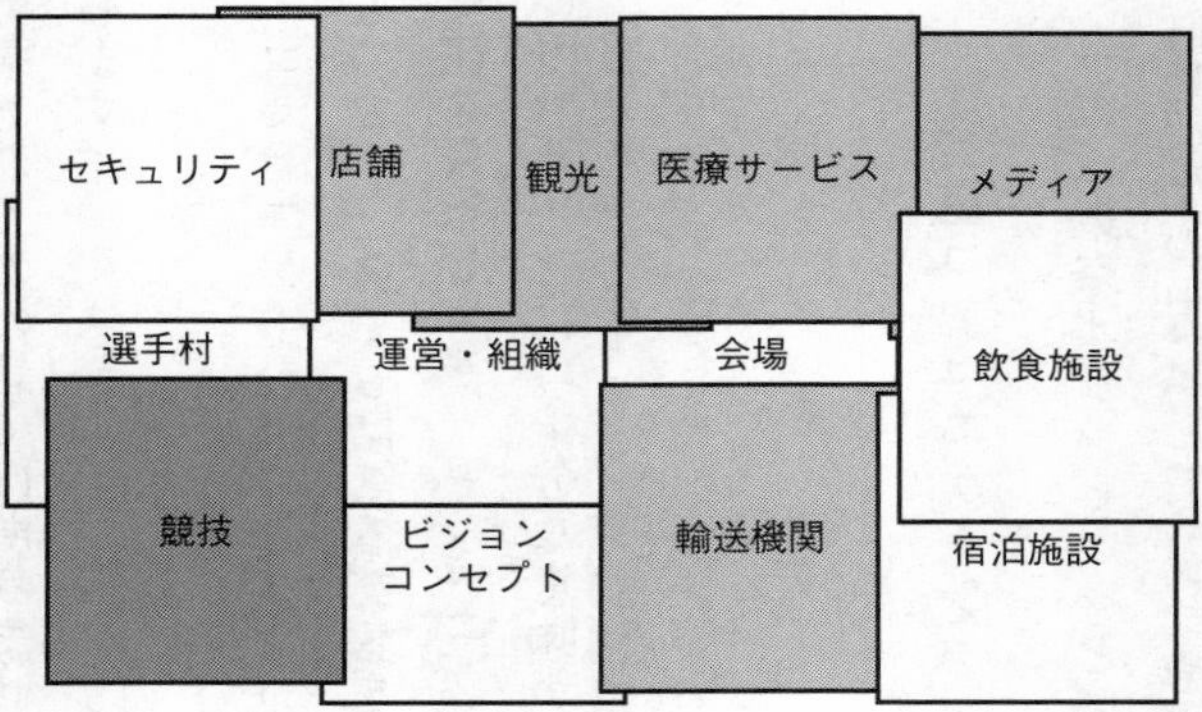


**図11．東京オリンピックで英語を使う分野のイメージ**

があり、それに品質やコスト、生産といった別の切り口もあるのと同じです。

そこで、図11をご覧ください。これは、オリンピックで英語が必要になる主要な分野を図にしたものです。

大勢の外国人がやってくるのですから、競技関係以外にも、ホテルをはじめ、レストラン、電車、お店、病院など、影響を受けるところは多岐にわたります。

実は、この図にあげた各分野は、東京オリンピック招致委員会がＩＯＣへ提出した立候補ファイルの目次から、私が適当にピックアップしたものです。

「競技」「会場」「選手村」といったオリンピック直結の話題のほかにも、「輸送機関」「医療サービス」「セキュリティ」「メディア」など、開催・運営に欠かせない数多くの分野があることがおわかりいただけると思います。

私がオリンピックでやりたかった仕事は、アスリートの通訳です。通訳を目指す場合なら、この図の「競技」について話せれば十分かというと、それだけではすみません。選手がけがをしたり、病気になったりして「医療サービス」を受ける可能性があります。

またあるときは、選手村を出て「観光」に行くこともあるでしょう。その際は、「輸送機関」を利用して「店舗」で買い物をするかもしれません。メダルを獲って「メディア」のインタビューを受けることだってあり得ます。

つまり、メインの仕事が競技の通訳だとしても、選手の生活に関係しそうな知識や情報には注意が必要です。

ちょうど、自動車のエンジニアが技術だけについて話せたら十分かというとそんなことはなくて、話を合理的に、説得力を持って進めるためには、品質やコスト、生産の知識も不可欠なのと同じことです。

あなたがホテルのスタッフなら、メインの分野は「宿泊施設」ですが、「観光」や「輸送機関」についても相応の知識を持って英語で話せることが望ましい。

マスコミ関係者なら、「メディア」のほか、「競技」や「運営・組織」の知識や英語も必要になるでしょう。

地下鉄やJRの職員なら、「輸送機関」のほか、「会場」や「観光」についても押さえておきたいところです。

**メインの話題を強化することはまず大前提ですが、それに関連する話題についても十分な知識を仕入れておくことが大事になります。**

| | | | | | | |
|---|---|---|---|---|---|---|
| 100m | 200m | 400m | 800m | 1500m | 5000m | 10000m |
| マラソン | 100m ハードル | 110m ハードル | 400m ハードル | 3000m 障害 | 4x100m リレー | 4x400m リレー |
| 20km 競歩 | 50km 競歩 | 走り幅跳び | 三段跳び | 走り高跳び | 棒高跳び | |
| 砲丸投げ | 円盤投げ | ハンマー投げ | やり投げ | 七種競技 | 十種競技 | |

図12. 陸上競技の種目

## 知識を獲得し、内容を理解する方法とは？

東京オリンピックでの競技数は全部で28あります。私はそのうち、オリンピックの花形、「陸上競技」の通訳をするという前提で話を進めていきます。

そこでカバーしなければならない種目の数々を表したのが図12です。

私は、短距離やマラソン、ハンマー投げといった全26種目に出場する選手たちと、大会期間中またその前後約1か月間を一緒に過ごすことになります。

オリンピック本番の競技はもとより、トレーニング中や外出・移動の際、けがや体調を崩した時にも通訳者としてコミュニケーションをサポートしなければなりません。

さて、具体的に何から手をつけましょうか。

**最初は、横辺の知識を伸ばすこと。**

私なら、まずはこんなところを調べます。

① **Summer Olympic Games のウィキペディア**（日本語は近代オリンピック）
https://en.wikipedia.org/wiki/Summer_Olympic_Games

② **2020 Summer Olympics のウィキペディア**（日本語は2020年夏季オリンピック）
https://en.wikipedia.org/wiki/2020_Summer_Olympics

③ **東京オリンピック・パラリンピック競技大会組織委員会公式サイト**
https://www.2020games.metro.tokyo.lg.jp/special/watching/tokyo2020

④ **招致委員会がIOCへ提出した立候補ファイル**

https://www.2020games.metro.tokyo.lg.jp/special/watching/tokyo2020/games/games-plan/candidature/

⑤ **IOC総会東京招致プレゼンテーション動画**

https://www.youtube.com/watch?v=frLZeeU9760

（安倍首相をはじめ、各プレゼンターの動画を見ておきます）

⑥ **Athletics at the Summer Olympics のウィキペディア（日本語はオリンピック　陸上競技）**

https://en.wikipedia.org/wiki/Athletics_at_the_Summer_Olympics

⑦ **陸上競技各種目のウィキペディア（英語と日本語）**

（英語と日本語の両方がある資料は読み比べましょう。用語の日本語・英語対比ができます）

⑧ **陸上競技主要有名選手のウィキペディア（英語と日本語）**

（たとえば、ウサイン・ボルト選手や室伏広治選手など見ておきましょう）

⑨ **各種目の動画**

（１００ｍやハンマー投げ、その他種目の動画をチェックします）

ここでの**主たる調査手段は、関係するホームページとウィキペディアです。**東京オリンピックにかかわらず、何もないところに調査の第一歩を踏み出すとき、この2つは知識獲得の足がかりとして有用な手段になります。

内容的には、東京オリンピックの全容を把握するためのマクロ調査と、担当する競技・種目に関するミクロ調査です。①から⑨の中では、⑤までがオリンピック全体、残りが陸上競技と種目の詳細についての情報源です。

資料を読み、内容を理解し、重要な箇所には線を引き、要注意語にチェックを入れる。後々、これらは単語帳をつくったり、英語イメージトレーニングをしたり、四角形の縦辺を伸ばす際の大切な材料になります。

医療サービスや宿泊施設、輸送機関など、**社会インフラに関する知識や情報はオリンピックに限らず、汎用性の高いものなので、ここで一度自分の中で定形化しておくと、英語コミュニケーションの幅が広がります。**

競技に関しては、特にルールが大事です。短距離ならフライングのルール、投てき競技なら試技の回数やファウルの規定などをしっかり確認しておきましょう。

ウィキペディアで調べて、100m、走り幅跳び、ハンマー投げと、一種目ずつ順に定形化を図ります。

**動画では、競技の様子を英語で実況してみましょう。**単語を覚えて表現を身につける恰好のツールになります。

たとえば、100mなら「地面を蹴る」「腕を振る」「上体を起こす」「スピードに乗る」「ゴールテープを切る」など、具体的な動きを英語で言ってみます。

第1段階としては、だいたいこの程度を押さえておけば、オリンピック全般の知識も個別の競技・種目の知識もOKです。あとは、調査を続けるにつれて、必要な資料や情報が芋づる式に出てきます。

オリンピックも、それが仕事となればリアルです。学んだことには使う機会が与えられ、具体的な結果がついてきます。繰り返しになりますが、**仕事のために準備し、実際に現場で使う——それが英語を身につける一番の方法なのです。**

## 普段の準備が結果を左右する

こうして私は、2020年東京オリンピックに向けてせいいっぱい知識を蓄えました。読者のみなさんも、仕事の知識をぬかりなく高めていってください。

もしあなたが、何から始めていいかわからないという場合には、自社の公式サイトを見てみましょう。日本語と英語のページを対比しながら、会社概要、沿革、商品情報、技術情報、ニュースなどに目を通して勉強します。

公式サイトは、自社の知識や語彙の宝庫です。サイトの内容が英語で話せるようになれば、それだけでも大変なことです。

私は定年後通訳者になってから1年間、通訳学校の「医療通訳コース」に通ったことがあります。

技術系以外の仕事にも貪欲に取り組んでいこうと決めていましたし、医療関係の通訳は需要が多いと聞いていたからです。ですから、本番を経験する前に四角形を大きくしておきたかったのです。


そんなときに事件は起こりました。

医療通訳の初回、それは突然にやってきました。不意に救急車に乗せられて、病院へ行く羽目になろうとは……。

私がついていたクライアントが、事故で病院に救急搬送されたのです。受け入れ会社の日本人社員と、事故にあったクライアントの同僚も同行しましたが、救急処置室へ入るのを許されたのは、通訳者の私だけです。

そのときの通訳案件は、医療とはまったく関係のないものでしたので、突然病院で通訳をすることになるとはまさに青天の霹靂でした。

ドクターからは、「これから話すことを、患者さんに正しく伝えてください」と言われました。そのあと、私が通訳して患者に伝えたことは、

「今から熱を測ります……しびれはありませんか？……吐き気はありませんか？……血液検査をしますので、鼠蹊部から採血します……レントゲンを撮ります……ＣＴを撮りますが、その前に造影剤を注射します……身体が少し焼けるような感じがするかもしれませんが、薬のせいですから心配ありません。点滴をします……」。

このときばかりは、医療通訳コースを受講しておいてよかったとつくづく思いました。おかげで、吐き気も造影剤も点滴も、単語がすぐに出てきました。患者さんは、心配そうに「ＣＴって何？」と聞いてきましたが、「ＣＴは computed tomography ですよ」と答えてあげることもできました。

事前に、医療の四角形を少しでも大きくしておいたことが役に立ったのです。

通訳者は、大きくて堂々とした話題の四角形をたくさん持っていないことには飯の食い上げです。そうならないように、普段から四角形をどんどん増やし大きくしておく心がけが大事なのです。

グローバル人材を目指す方たちも同じです。**英語で話せる定形型の話題を増やし、それぞれの四角形を大きくする。**仕事の中でその作業を続けてください。

いま、英語がまったく話せないとしても、5年後、10年後、世界を駆けめぐるあなたがいて、なんら不思議はありません。そのためには、日々黙々と準備することです。

## 知識があると、英語にとらわれなくてすむ

英語コミュニケーションにおいて、英語力の土台である文法や語彙は当然重要です。本書でもそのことは力説しています。

しかし、**文法や語彙に必要以上にわずらわされないことも**また**重要です。**

それを可能にしてくれるのが知識です。コミュニケーションの英語では、知識の力

を最大限に発揮するという発想や姿勢がきわめて大切です。ここでは、知識がいかに英語の運用力に力を与えるか、それを具体的な例を挙げながら見ていきます。

知識があると、なぜいいのか？　それは、知識があればあるほど、言葉や文章、構成にとらわれなくてすむようになるからです。だから、英語が自由に話せて、聞きやすくなるのです。

「言葉にとらわれない」とはどういうことでしょうか。たとえば、「船の舳先」。辞書で引くと「bow」、あまりなじみのない単語です。

「あれ、舳先なんて単語知らない」と思ったとたんに、人は「舳先」という言葉にとらわれてしまうのです。その瞬間、思考が硬直化します。

「舳先」に当たる英単語が出てこない、と引っかかったことが、スムーズな発話の妨げになるのです。言葉にとらわれず、もっと自由にその意味を知識のイメージでとらえることができると、表現の幅がグンと広がります。

もちろん、「bow」という単語を知っているほうが望ましい。しかし、もし知らなかったとしても、「舳先」とは船の先端部分だということを知っていれば、そのイメージで「head of a ship」とか「front part of a boat」といった別の言い方もできます。「舳先」の表現としてはこれで十分です。

**言葉にとらわれず、つねに本来の意味で、イメージでとらえることです。**多くの単語が、別の言い方でさまざまに表現できるということを知ってください。

逆に、知識がないと、とんでもないことが起こります。

たとえば、「飛び地」。ある国の領有地が隣国の領土内にある場合、この土地のことをこう言います。英語では「exclave」。

ところが、これを「flying land」と訳した人がいるのです。笑い話のようですが、実話です! 「飛び地」の意味を知っていたら、「exclave」が出なかったとしても、「detached territory」など別の言い方ができるはずです。

「flying land」とは、知識のない人が、字面にとらわれた誤訳の極みと言ってもいいでしょう。

単語が文章になっても事情は同じです。たとえば、乗物から降りるとき、あるいはレストランから出るとき、「お忘れ物はありませんか?」、よく耳にする表現です。しかし、これも英語で言おうとすると意外に難しい。「忘れ物」という言葉にとらわれたとたん、英語になりません。「忘れ物」を辞書で引くと、「遺失物」という意味の「lost property」が出てきたりして、訳がわからないことになりかねません。

**大切なのは、この発言の主旨に立ち戻り、意味を考えること。**「忘れ物がない」ということは、「置き忘れたものはありませんか?」とか、「必要なものはみな持っていますか?」ということが本義ですから、「忘れ物」という言葉にとらわれないで、「Haven't you left anything behind?」とか「Do you have all your belongings?」と言えればいいのです。

同様に、「お疲れさま」とか「行ってらっしゃい」も発話の状況を考えて、その背景にある意味や思いを言葉にしないと、おかしなことになってしまいます。

一日がんばってくれた人に感謝の気持ちを込めて「お疲れさま」と言いたいのなら、相手の目を見て微笑みながら、「Thank you very much for your hard work today.」などと言うでしょうし、単なる帰りの挨拶としてなら軽く手を上げて、「Good-bye. See you tomorrow.」といった感じでしょう。

「行ってらっしゃい」は、出かける人の無事や多幸を願う言葉だという背景知識があって、初めて「Have a good day.」とか、「Take care and have a safe trip.」と言えるのです。

「お疲れさま」を「You look tired.」、「行ってらっしゃい」を「Please go.」とやってしまっては、せっかくの気持ちがまったく伝わりません。

**英語で話すとは、字面を訳すのではなく、背景を踏まえつつ、意味を訳すのだということを忘れないでください。**

こうした事例は、枚挙にいとまがありません。それどころか、「舳先」＝「bow」のように、そのものズバリの対訳がない日本語の言葉も少なくありません。

たとえば、「右肩上がり」「胸突き八丁」「少子高齢化」「駆け込み需要」などは、ドンピシャの対訳がありません。

したがって、日本語の意味を理解していることが、英語に置き換える際の大前提となります。

それで初めて、「右肩上がり」は「steady growth」、あるいは「ever-increasing growth」など、「胸突き八丁」は「steepest part of a mountain」（登山の場合）「most difficult part of a job」（仕事の場合）、「少子高齢化」は「declining birthrate and aging population」、「駆け込み需要」なら「last-minute rise in demand」とか「purchase just before the tax hike」などの訳が出てくるのです。

いずれも、意味を押さえたうえでの英語になっているのがおわかりいただけると思います。

要は、日本語と英語の変換の場合、言葉から言葉、文章から文章に単純に置き換えられるケースばかりではないし、逆に、面倒な単語や文法の制約を受けながら、一対一に置き換えないといけない理由もないのです。

外国語として英語を学んでいる私たちは、どうしても「言語の変換」という迷路に迷い込みがちです。「舳先」や「忘れ物」、「右肩上がり」や「お疲れさま」と聞いたとたんに、対応する英単語や表現を探そうとします。

そうではなくて、**その言葉や文章の本来の意味に立ち返り、意味からの発想で英語にすることがコミュニケーションの観点からはきわめて大切なのです。**ドンピシャの対訳が出る必要はないし、そもそもそんなものはない場合も多いのです。

もしあなたが何かの会議で、「当社の利益は右肩上がりで順調に伸びています」と発言しようとして、「右肩上がり」にとらわれてはもう話せません。

「売上が安定して増加している」というグラフをイメージしながら、それを文章にする。**言葉にとらわれず、イメージを表現する。**「Our profit shows steady growth.」とか、「Our profit is growing steadily.」と言えたらそれでいいのです。

これは英語の問題ではありません。知識とそこからくる柔軟な発想の問題です。

発想を豊かにすることで、どれほど英語が楽になることか、そして豊富な知識がいかに発想を自由に解き放ってくれることか、英語の使い手になるためにはぜひとも押さえておきたいところです。

**意味がわからずに話すと通じない**

池上彰さんのベストセラー『伝える力』（PHPビジネス新書）に、興味深いエピソードが紹介されています。コミュニケーションということを考えるうえで、とても大切なヒントになるので引用させていただきます。

「あるとき、知り合いのアナウンサーが放送でニュース原稿を読んでいるのを何気なく聞いていると、ある一か所で突然、その内容が頭に入らなくなったのです。放送が終わった後で、その人に聞いてみました。『今の放送で、意味がわからないまま読んだところ、なかった？』と。思った通りでした。原稿を読んでいるとき、突然フッと集中力が途切れ、その部分の原稿の意味がとれなくなったそうです。意味がわからないまま読んだり話したりすると、それを聞いている相手も意味がわからない。そのことを、私はこのとき初めて知りました。」

いかがでしょう。このアナウンサーは、原稿を読み間違えたわけではありません。**文字を正確に読んでも、自分が理解できていない内容は伝わらないのです**。定年後の通訳者として、現場で苦労している私にはこの状況がよくわかります。対象分野のことをよく知らない通訳者が、会議の席上で聞いたとおりの英語の文章を、文法知識に基づいて日本語に訳しても、出席の当事者たちには伝わりにくい場合があります。通じたとしても、会議の出席者に解釈を委ねているといった状況が起こるのです。

**知らないこと、意味がわからないことを話すと相手に伝わらない。**ここに、プロの通訳者でも、英語の不得手な専門家にかなわないケースが生じ得る理由があります。字面の変換では役に立たない場合がある。だから、仕事の英語なのです。**仕事のプロが話す英語は、言語運用能力という次元を超えて伝わりやすいのです。**

## 仕事の英語を話す際のコツ

このことを、エンジニアとしての私の仕事を例に見てみましょう。

「脱脂不十分のまま、規定トルク上限でボルトを締めつけたため、首下近傍より破断した」。

何のことか、おわかりになりますか？　イメージがわくでしょうか？

私はもともと、機械関係のエンジニアです。自動車会社にいたときには、ボルトではいろいろ苦労してきました。ですから、この状況はよくわかります。

単純な部品だけれど、それゆえに難しい。それがボルトです。ボルトに切削油がつきっぱなしになっていたため、締めつけた力が摩擦でロスすることなく、もろに軸部にかかり、最弱箇所のつけ根のところがちぎれる。

このイメージが頭の中にあれば、起こった現象を、順を追って分解して解説できます。

「ボルトに切削油がつきっぱなしになっていた」

↓「そのため、摩擦係数が低下していた」

↓「油をふき取らず、そのままの状態で締めつけた」

↓「加えて、トルクスペックの規定値上限で締めた」
↓「これらが重なって軸力過大となった」
↓「最弱部であるボルト頭つけ根付近の応力が、材料の許容値を超えた」
↓「その結果、ボルト破断に至った」。

展開すると、最初の1行が7行になります。メカのエンジニアなら、1行を聞いて瞬時に7行をイメージできます。一方、こういった知識のない人が冒頭の1行の日本語を読んでも理解しにくい。当然、わかりやすい解説などできません。それが、英語でとなれば、なおさら無理です。

しかし、専門家は違います。専門家が仕事のことを自分の英語で話す。すると、たとえ下手な英語でも、これがけっこうよく通じます。

1行の文章を話すときにも、7行の解説を無意識のうちに踏まえたうえで言葉にするからです。ここに、わかりやすさや説得力が生まれる秘密があります。

みなさんの仕事でも同じことです。状況がわかって話すと伝わるという現象はよく起こります。

まったく同じことを話しても、意味がわかって話すのと、そうでないのとでは、聞き手への伝わり方という点で、天と地ほどの差が出るのです。

### サッカーのことはサッカーの専門家が一番

サッカー日本代表監督を務めたイタリア人のアルベルト・ザッケローニ氏。彼のもとで通訳を務めたのが矢野大輔さんです。

矢野さんは15歳でイタリアに渡り、セリエAの下部組織に所属してプロを目指してがんばってこられた方です。残念ながら、イタリアでのプロサッカー選手としての夢はついえるのですが、ザッケローニ氏の代表監督就任と同時に、通訳者として招へいされることになります。

イタリア語が堪能な元サッカー選手ほど、代表監督の通訳者にうってつけの人はいません。元選手ですから、ルールはもとより、戦術や体調管理、メンタル面に至るまで何でもよくわかります。

代表監督の通訳は、単にイタリア語が堪能だというだけでは務まりません。コーナーキックとゴールキックの違いがわからない人、オフサイドのルールを知らない人に円滑なコミュニケーションのサポートを期待するのは、しょせん無理なのです。

**知っていることを自分の言葉で話すのが、良好なコミュニケーションを達成するうえでの鉄則です。**

だから、仕事の英語から始めるのがいいのです。7年前の私は、オリンピックのこと、陸上競技のことをもっと学ぶ必要がありました。

しかし、何も特別なことをするわけではありません。**先にあげたホームページやウィキペディアの記事を読み込み、オリンピックに関心を持って鋭意、知識の充実と内**

容の理解を図っていく。それとともに、出てきた単語を単語帳にまとめ、頭に叩き込む。

あとは、英語イメージトレーニング、すなわちあとでお話しする「イメージ・トランスレーション」や「サイト・トランスレーション」を繰り返すことです。

# 【勉強法2】仕事の語彙は、単語帳をつくって覚える

## 単語力こそが英語力向上の鍵を握る

英語コミュニケーションにおいて、「語彙力」の果たす役割はとてつもなく大きいと思っています。いくら強調しても、決してオーバーではないくらい、語彙は役に立ちます。

たとえば、前節で出てきた集中処置室での通訳、熱を測る（take a temperature）、しびれ（numbness）、吐き気（nausea）、CT（computed tomography）、造影剤（contrast medium）、焼ける感じ（burning sensation）、点滴（intravenous drip）などの単語を知らなかったらどう

なるでしょう？

文法が少々不備であっても、造影剤や点滴などの単語が出てきたら、患者は自分が何をされるのか、だいたい想像できるのではないでしょうか。

通訳の現場に呼ばれて、私が初めて耳にするような単語を席上の誰かが発し、それを聞いた全員がいっせいになるほどとばかりに頷く、そんな光景を目にすることがあります。通訳者だけが蚊帳の外です。

企業や社内の各部署には、こういった単語がいくつもあります。ほかの場所ではあまり聞かないけれど、その業界、分野ではやたらと出てくる単語です。病院なら、先にあげた単語は頻繁に出てきますが、製造業ではまず使いません。

たった一語で、関係者全員の理解につながる単語。知っていると知らないとでは大違いです。出番が多く役に立つ、それが仕事の単語です。

まずは、みなさんの仕事の単語を自分のものにしてしまいましょう。実際にやってみると、意外に簡単で効果は絶大です。これをやらない手はありません。

## 単語は「読む、書く、聞く、話す」のすべてに効く

単語が役に立つのは、話すときだけとは限りません。単語を知っているということは、「読む、書く、聞く、話す」のすべてにおいて強みとなります。

次の英文を読んでみてください。これは、アメリカ公民権運動の活動家で、ノーベル平和賞の受賞者でもあるマーティン・ルーサー・キング・ジュニア牧師の有名な「I Have a Dream（私には夢がある）」スピーチの始まりの部分です（2パラグラフ目）。

一度、そのまま読んでみてください。

Five ***score*** years ago, a great American, in whose ***symbolic shadow*** we stand today, signed the ***Emancipation Proclamation***. This ***momentous decree*** came as a great ***beacon*** light of hope to millions of ***Negro slaves*** who had been ***seared*** in the ***flames*** of ***withering injustice***. It came as a ***joyous daybreak*** to end the long night of their ***captivity***.

理解できましたか？　英語に相当自信のある人でも、けっこう難しかったと思います。これほど人口に膾炙した演説にもかかわらず読めない。

難しい理由は2つあります。1つは背景知識の不足、もう1つが単語力の欠如です。太字イタリック体の日本語訳は、中上級者でもけっこう難しい。ここがわからないと、実際には文字がないのと同じこと、演説だとその部分が聞こえなかったのと同じです。

それどころか、そこで引っかかってあわてると、後に続く、知っている単語まで聞き逃してしまいます。実際に、太字イタリック体を抜いて書くとこうなります。

Five ----- years ago, a great American, in whose --------- ------ we stand today, signed the -------- --------. This ------ came as a great ----- light of hope to millions of ---- ------ who had been ------ in the ------ of -------- --------. It came as a ------ -------- to end the long night of their --------.

これだけ空欄があっては、わかるはずがありませんよね。
では、破線部に日本語訳を入れてみたらどうでしょう。

Five 20 years ago, a great American, in whose 象徴する影 we stand today, signed the 奴隷解放宣言 . This 重大な布告 came as a great 合図の light of hope to millions of 黒人奴隷 who had been 焼く in the 炎 of 容赦ない不正義 . It came as a 喜びに満ちた夜明け to end the long night of their とらわれの身 .

これで、だいぶ意味が通るようになってきたのではないでしょうか？
しかし、まだ十分ではありません。いまひとつピンとこないその理由は、単語と並ぶもう一つの鍵、知識が欠如しているからです。

この演説を聞く背景知識として、次のようなことが頭の中に入っていたらどうでしょう。

・この演説は、1963年、ワシントンにあるリンカーン記念館の前で行われた
・リンカーン記念館の内部には、リンカーン大統領の巨大な坐像が置かれている
・この演説に先立つこと100年前に、リンカーン大統領が奴隷解放宣言に署名した
・奴隷解放宣言は、黒人に大きな希望を持って迎えられたが、100年経った今も差別は依然として存在する

いかがでしょうか？　単語と知識が充足すれば鬼に金棒、理解は完璧になることがおわかりいただけたと思います。

ここでは、文章を読んでもらって単語の重要性を検証しましたが、聞く場合もまっ

たく同じです。

相手が話す文章の中に、知らない単語があると、そこで思考が停止してしまいます。そうならないためにも、単語力の強化は非常に重要です。

キング牧師は、この「I Have a Dream（私には夢がある）」スピーチを、1分間に約100ワードという非常にゆっくりしたスピードで話しています。

比較として、オバマ大統領が毎週国民向けに発信しているスピーチ「Your Weekly Address」は1分間に約180ワード。キング牧師がいかにゆっくり話されているかがわかります。

それでも、最初の「five score years ago」でつまずくといけません。さらに、「symbolic shadow」「Emancipation Proclamation」「momentous decree」と立て続けに引っかかっていてはもうダメです。

ちなみに、「five score years ago」の「score」とは「20」のこと、「five score」だか

ら20が5個ということになって「100」、意味は「100年前」となります。「はじめから『A hundred years ago』と言ってくれればいいのに。なんでこんな回りくどい言い方をするのだろう」と私などつい思ってしまいますが、ここではそれが必然であり、それゆえにスピーチに風格がかもし出されるのだと思います。

特に、終盤で「I have a dream」「I have a dream」と何度もたたみかけるところは、キング牧師の感情移入と相まって圧巻です。英語を志すなら、何度も聞き、読み返し、暗誦したいほどのスピーチです。

## 単語学習は時間対効果がよい

単語に関して特筆すべきことがあります。それは、単語の習得は時間対効果にすぐれるということです。

**文法力やリスニング力を身につけるよりもはるかに簡単。にもかかわらず、コミュニケーション力向上に果たす効果は絶大なのです。**

その大きな理由は、文法やリスニング力が多分に汎用的な能力であるのに対し、単語は比較して限定的であるからです。**話題を限定すれば、その中で多用される単語も比較的限られます。**

たとえば、オリンピックの英語となると、競技名や種目名は頻出単語となります。ですから、オリンピックの話題で競技名や種目名を覚えておくことには意味があり、努力のしがいがあるのです。

仕事の単語についても同じことがいえます。**そこには必ず専門用語、頻出単語があり、それらを駆使できるようにしておくと、仕事の英語は随分はかどるようになります。**

それに単語の習得というのは、基本は暗記です。内容を理解し、解釈するプロセスは必要ありません。

単純に覚えればいい。つまり、**努力に対して成果が一直線についてくる、やった分**

**だけ力がつく学習項目なのです。**

さらにいいことには、慣れてくると、単語の中にも法則性や理屈があることが少しずつわかってきます。

先ほどの救急処置室での通訳を例にすると、「しびれ」（numbness）は、「しびれた」という形容詞（numb）に接尾語「-ness」がついて名詞となったもの、つまり「形容詞＋ness＝名詞」という決まりにのっとったものです。「kindness」（親切心）や「gentleness」（優しさ）などもその仲間です。

造影剤の「contrast medium」にも理屈があります。「contrast」は「対照」とか「対比」のこと、日本語でもカタカナで「絵にコントラストをつける」などと使います。「medium」は「媒体」、マスメディアというときのあの「メディア」（media）です（media は medium の複数形）。

造影剤とは、そもそもCT撮影した際に、画像にはっきりコントラストがつくように注入する薬剤（媒体）のことですから、「contrast medium」とはそのものずばりのネーミングです。

もう一つ、「点滴」(intravenous drip) はどうでしょう。「intra-」というのは、「内に」とか「内部に」という意味の接頭語です。「in」がついているのでイメージできますよね。「venous」は「静脈」を意味する形容詞。したがって、「intravenous」で「静脈内の」という意味になります。

一方、「drip」は「滴下」とか「したたり落ちる」の意、ドリップコーヒーの「ドリップ」、ポタポタと落ちる感じです。それで、「intravenous drip」で「点滴」のこと。

病院で見かける点滴とイメージが合致します。この単語、これでもう忘れません！

## 単語力をつける5か条

「単語こそ英語コミュニケーションの強い味方！」——これは私の経験的実感です。

では、ここで私が実践している「単語力をつける5か条」をご紹介します。

**1 単語は出会ったときが覚えるとき。そのときの場面に関連づけると記憶に残りやすい**
**2 自分オリジナルの単語帳をつくる。それが仕事の単語帳**
**3 単語はすき間時間で覚える。単語帳をクリアホルダーに入れて、つねに持ち歩く**
**4 クイックレスポンスが大事。自然に言葉が出るようになるまで鍛える**
**5 単語学習は継続。何度もしつこく繰り返す。忘れることを気にしない**

これから、一つずつお話ししていきます。英語習得にとって非常に大事なことですから、ぜひ実践してほしいと思います。これが習慣になれば、どんどん力がついてきます。

## 単語は出会ったときが覚えるベストのタイミング

ちょうどこの原稿を書いている日の前日、私はとあるビール会社で通訳の仕事をしてきました。

こんなときに私が事前にする準備は、送られてきた資料をしっかり読み込むこと、ホームページを見て補足情報を得て理解を深めること、そしてその過程で拾い出した関連語彙の単語帳をつくって使いこなせるようになるまで覚え込むことです。

ビール会社の場合にも、麦汁（wort）や麦芽（malt）、うまみ（flavor）やコク（body）といった単語は、資料から網にかけ覚えていきました。当日、ほかにも渋み（astringency）やオリ（solids）、低温殺菌（pasteurization）、貯蔵樽（cask）などの単語が出てきたので、家に帰って忘れないうちに単語帳に追加しました。

この仕事で、「ビール業界の頻出単語約１００語」が私の仕事の単語帳に追加されました。今後、もしビール関係の仕事が入ったときには、まずはこの単語帳を引っぱり出しておさらいすればいいのです。

そのたびに記憶への定着が強化され、次第に自分のものになっていきます。

語彙力をつけるには、このように**実際に出てきた単語をその日のうちに、自分の手の内に取り込んでしまうのが一番です。**なぜなら、これらの単語は、自分と何らかの接点があったものだからです。

このことは、2つの点で非常に重要です。1つは、そのときに起こった事象と関連づけて覚えるので、記憶に残りやすいということ。もう1つは、その単語は自分との関係が深いため、今後、再登場する可能性が高いということです。

あなたがもしビール業界で働いていらっしゃるなら、真っ先にこうした実際に現場で出会った単語を網羅した単語帳をつくるべきです。

仕事の中で新しい単語に出会うたびに、単語帳に追加していく。そうしてできあがるのが、仕事の単語帳です。その積み重ねが、英語コミュニケーション力の四角形の縦辺を伸ばし、いずれ大きな力を発揮するようになります。

## 自分オリジナルの仕事の単語帳をつくる

私は、これまでの仕事のバックグラウンドから、自動車や機械の技術に関してはすでに豊富な単語知識を有しています。また、定年後始めた通訳者としての仕事柄、医療や財務など、何度か手がけた仕事では、継続的に単語帳の充実を図っています。

しかし、東京オリンピックというと、まだ一般的な語彙力しかありません。「high jump」（走り高跳び）くらいは言えるけれど、3000m障害や十種競技は辞書の助けを借りないことには出てきません。

「単語は出会ったときに覚えるのが一番」と申し上げましたが、東京オリンピックがあるのはまだ先です。現場に出るまでに、必要な単語力を高めておくにはどのように準備すればいいのでしょうか？

それは、ビールの例でも書いたように、**事前の資料調査の中で、その分野に特有の用語や頻出単語を洗い出すことです。**

具体的には、**154ページの①から⑨のウィキペディアやサイトを読み込み、要注意単語に線を引き、リストアップしていきます。**

それができたら、いよいよ自分オリジナルの単語帳をつくります。

先に申し上げておきますが、**市販の単語帳はおすすめできません。**そこにある単語は、自分自身がリアルな場面で出会ったものではないからです。

リアルでないと、単語がどういう場面で、どんなふうに使われるのか、情景がイメージできないし、今後使う頻度も決して高くはないでしょう。

**なんらかの形で自分が関係した、あるいはこれから関係するであろう単語を選び出すのです。**そういう単語なら、実際に使用する可能性は高いし、それが仕事の単語なら、業務内容と関連させてイメージを思い浮かべることができる。だから、記憶に定着しやすいし、使える単語になるのです。

「でも、自分で単語帳をつくるのは時間がかかるし無駄だ」と思っていらっしゃる方も多いかもしれません。決してそんなことはありません。30分もあれば、50ワードほどの単語帳は簡単にでき上がります。1時間で100ワード、10時間なら1000ワードです。

自分オリジナルの単語帳をつくるくせをつけて1年も続けると、ちょっとした辞書並みの蓄積量になります。

それも、自分にとって使用頻度が高い言葉が網羅されたオリジナル単語帳、きわめて利用価値の高い単語帳ができます。

私の経験では、つくっている過程、つまり単語帳に載せる日本語を選定し、対応する英単語を調べる過程においても、言葉は記憶のひだの中に入っていきます。単語帳づくりは単なる手作業ではなく、記憶するプロセスの一部でもあるのです。

私のオリジナル単語帳は、定年後約5年間の通訳者生活の中で、優に1万語は超えたと思います。

みなさんの仕事限定の単語なら、まずは1000ワードもあれば大したものです。10時間で1000ワードの仕事の単語帳と考えれば、十分すぎるくらいにもとが取れる話です。


私が通訳に行くときには、必ずその案件の単語帳をつくっていきます（方法は後述します）。リピートの仕事なら、前回つくった単語帳を引っぱり出してきておさらいします。

そうすると、仕事のたびに「単語こそ、英語コミュニケーションの強い味方！」という思いを強くします。

## 仕事の単語帳はこうしてつくる

では、単語帳の具体的なつくり方をお話ししましょう。

単語帳はパソコンでつくります。**使用するソフトはエクセル。**エクセルが単語帳づくりにすぐれている理由をいくつかあげておきます。

**① 案件別のファイル、話題ごとのシートにまとめられるので、整理しやすく使いやすい**

たとえば、「東京オリンピック」の単語帳のファイルをつくると、その中で「陸上競技」や「医療サービス」など話題ごとにシートにまとめることができる。したがって、いま押さえるべき分野や、直近の仕事の準備に焦点を絞った単語学習がやりやすい。

**② 単語の検索が容易**

辞書機能としての使い勝手がいい。

**③ セルの並べ替えができる**

記憶は、単語の配列に依存する傾向がある。シャッフルすることで、単語の出現順序に頼った記憶手段が排除できる。

**④ 行・列をきれいに揃えると、単語帳として見やすく活用しやすい**

便利に使えて、効率的に語彙が増やせることが単語帳の眼目。見た目がきれいで配列がすっきりしているエクセルの表は、そのための重要な要件。

**⑤ ページごとのコピーをクリアホルダーに入れて持ち歩くのに便利**

A4のコピーとクリアホルダーの相性が抜群。必要なページだけを入れて持ち歩けば、軽量かつコンパクト。すき間時間の活用に最適の道具になる。

では、東京オリンピックの単語帳を実際につくってみましょう。

陸上競技通訳者の単語帳といえば、まずは「種目名」です。154ページの9つの調査資料の6つ目、「Athletics at the Summer Olympics」（日本語は「オリンピック陸上競技」）のウィキペディアから種目名を書き出します。

選手の通訳者が、種目の名前も英語で言えないようでは失格です。陸上競技全26種目の単語帳のページが図13です。

左側に日本語、右側に英語。一般に、日本語から英語に言い換える方が難しいので、この形にしています。**フォントサイズは14ポイント、これでA４判の紙に約50ワードが収まり、文字の大きさも視覚的にちょうどよくなります。**

どこにでも手軽に携行でき、すぐに取り出せて、学習をはじめられるのが、役に立つ単語帳の第一要件です。

単語はすき間時間で覚えてしまうのが、時間効率面でも記憶効果の点でもベストです。

少し単語帳の中身をのぞいてみましょう。

まず気づくのは、１００、２００、４００ｍまでは「dash」が使われているのに対し、８００ｍから上は「run」が使われていること。１００ｍは「100 meter

| | |
|---|---|
| 100m | 100 meter dash |
| 200m | 200 meter dash |
| 400m | 400 meter dash |
| 800m | 800 meter run |
| 1500m | 1500 meter run |
| 5000m | 5000 meter run |
| 10000m | 10000 meter run |
| マラソン | marathon |
| 100mハードル | 100 meter hurdles |
| 110mハードル | 110 meter hurdles |
| 400mハードル | 400 meter hurdles |
| 3000m障害 | 3000 meter steeplechase |
| 4x100mリレー | 4x100 meter relay |
| 4x400mリレー | 4x400 meter relay |
| 20km競歩 | 20 kilometer race walk |
| 50km競歩 | 50 kilometer race walk |
| 走り幅跳び | long jump |
| 三段跳び | triple jump |
| 走り高跳び | high jump |
| 棒高跳び | pole jump |
| 砲丸投げ | shot put |
| 円盤投げ | discus throw |
| ハンマー投げ | hammer throw |
| 槍投げ | javelin throw |
| 七種競技 | heptathlon |
| 十種競技 | decathlon |

**図13. 陸上競技種目の単語帳の例**

dash」ですが、８００ｍは「800 meter run」です。なんとか全速力に近いスピードで走り続けられるのは、４００ｍまでということなのでしょう。

投てき競技では、円盤投げ「discus throw」、ハンマー投げ「hammer throw」、やり投げ「javelin throw」には、「投げる」という意味の「throw」が使われていますが、砲丸投げだけは「shot put」です。意味は、砲丸「shot」を突き出す「put」という感じなので、動作のイメージと英語がよく一致していますね。

七種競技は「heptathlon」。「hept」はギリシャ語の「7」、「athlon」は「競技」のことです。十種競技は「decathlon」。「deca」は、ギリシャ語の「10」ですね。よく耳にするトライアスロン「triathlon」が、ギリシャ語の「3」を意味するトライ「tri」と、競技「athlon」の合成語であるのと同じつくり方になっています。

単語帳には、このほかにも「医療サービス」「宿泊施設」「輸送」など、東京オリンピックに関係しそうな項目別のシートが設けてあります（図14参照）。

オリンピック単語帳.xlsx

| | A | B |
|---|---|---|
| 1 | アーチェリー | archery |
| 2 | 陸上 | athletics |
| 3 | バトミントン | badminton |
| 4 | バスケットボール | basketball |
| 5 | ボクシング | boxing |
| 6 | カヌー・カヤック | canoeing and kayaking |
| 7 | 自転車 | cycling |
| 8 | 飛び込み | diving |
| 9 | 馬術 | equestrian |
| 10 | フェンシング | fencing |
| 11 | サッカー | football, soccer |
| 12 | ゴルフ | golf |
| 13 | 体操 | gymnastics |
| 14 | ハンドボール | handball |
| 15 | ホッケー | hockey |
| 16 | 柔道 | judo |
| 17 | 近代五種 | modern pentathlon |
| 18 | 新体操 | rhythmic gymnastics |
| 19 | ボート | rowing |
| 20 | 7人制ラグビー | rugby sevens |
| 21 | セーリング | sailing |
| 22 | 射撃 | shooting |
| 23 | 水泳 | swimming |
| 24 | シンクロナイズドスイミング | synchronized swimming |
| 25 | 卓球 | table tennis |
| 26 | テコンドー | taekwondo |
| 27 | テニス | tennis |
| 28 | トランポリン | trampoline |
| 29 | トライアスロン | triathlon |
| 30 | バレーボール | volleyball |
| 31 | 水球 | water polo |

図14. オリンピックの単語帳の例
（分野ごとにエクセルシート）

これで、単語帳のひな型が完成です。あとは、必要に応じてシートや単語を追加し、鋭意内容の充実を図っていきます。

みなさんは、この要領でご自身の仕事の単語帳をつくってください。ファイル名は「○○の仕事の単語帳」として、その中に分野別のシートをつくります。「英語コミュニケーション力」の話題の島々の図を思い出してください。それぞれのシートには、その分野の専門用語や頻出単語を網羅していきます。

単語帳ができたら、あとは覚えるだけです。効率的に覚えられるとてもいい方法があります。

## すき間時間を見つけたら、いつでもどこでもすぐ単語帳！

単語を覚えるために、わざわざあらたまって時間を取る必要はありません。実際、私は単語の学習にはすき間の時間を充てています。

すき間時間とは、通勤電車やバスの中、出張の際の新幹線の車内、ランチやお茶の時間、銀行や病院の待ち時間、などたくさんあります。

もちろん、ゆっくり時間が取れるなら、きちんと机に向かって勉強するのもいいでしょう。しかし単語学習に限れば、その性格上（単語は一つひとつが独立したもの）、**すき間時間の活用で十分な効果を上げることができます。**経験的には、すき間時間を使った方が、記憶作業はむしろはかどるような気がしています。

**単語学習で大事なことは、すき間時間を見つけたらすぐに行動に移ることです。**サッとクリアホルダーを取り出して覚えはじめることです。

単語学習ではこの5分、10分で相当な仕事ができます。実際にやってみると、短時間で驚くほどはかどることが実感できるはずです。

では、すき間時間に単語を覚える具体的なやり方をご紹介します。

①　**外出時には、クリアホルダーに単語帳シート**（**Ａ４サイズを数枚**）**を入れて携行する。**ホルダーには、答えを隠す紙（目隠し紙）も一緒に入れておく（私はＡ４サイズの廃紙を四つ折りにしたものを使っています）。それとシャープペンシル。

②　**すき間時間を見つけたら、すぐにクリアホルダーとシャープペンシルを取り出す。**

③　**単語帳**（**シート**）**の右側**（**英語の側**）**を紙で隠しながら、左側の日本語に対応する英単語を上から順に言っていく。**

④　**正解が言えたら、次に進む。言えなかったら、その単語の横に鉛筆で印をつける**（**私は小さい〇印をつけています**）。**一とおり終わったら、２サイクル目に入る。**

⑤　**２サイクル目は、先ほど言えなかった単語**（**〇印の単語**）**について言ってみる。**

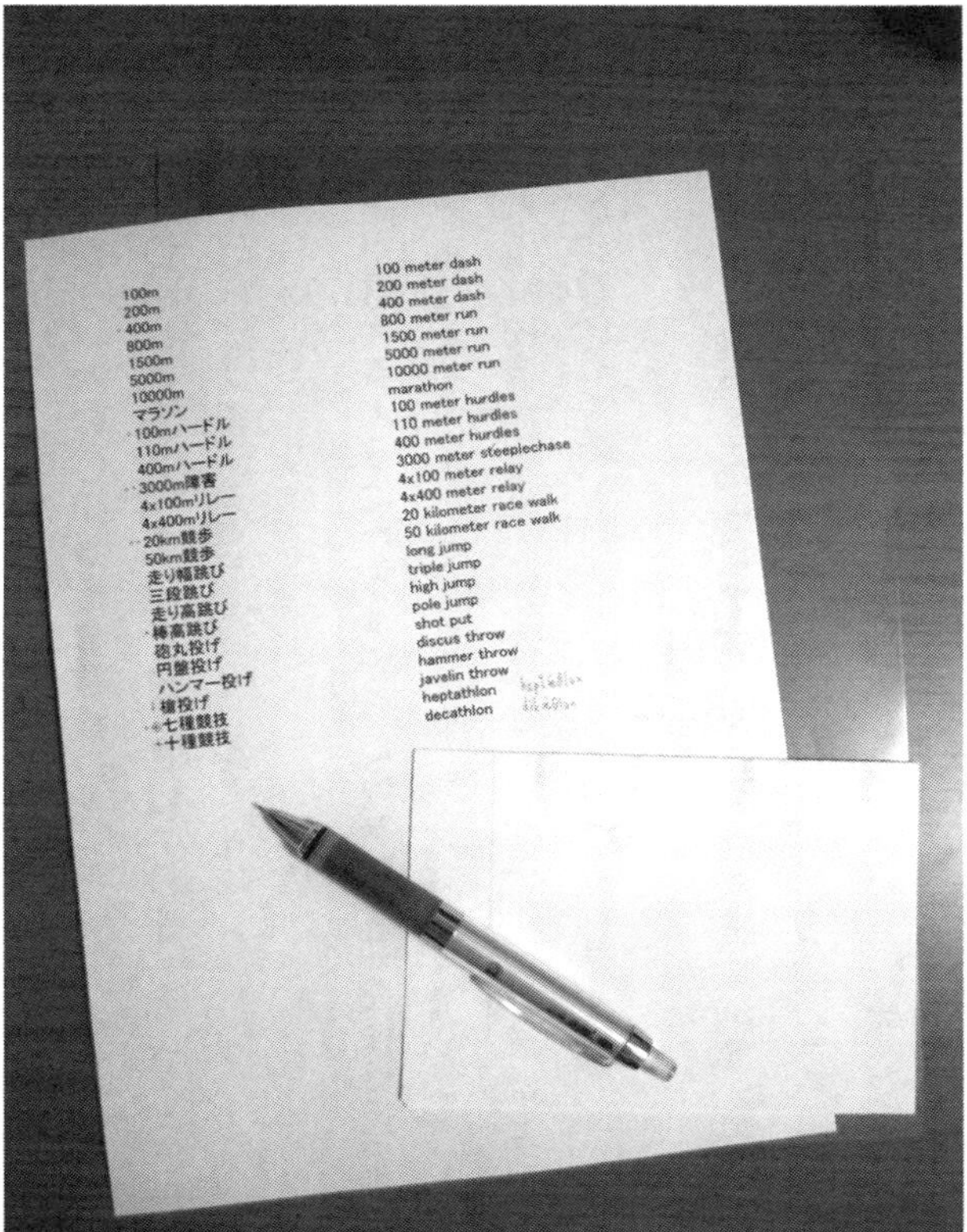


**単語学習のための必携品**
**(単語帳・クリアホルダー・目隠し紙・シャープペンシル)**

⑥ **正解が言えたら、次の○印つきの言葉に進む。言えなかったら、その言葉の前に1回目の○印とは違う印をつける。**私は先ほどの小さい○印の真ん中を貫通する縦線をつけています（⦶）。

⑦ **全部の単語が言えるようになるまで、このプロセスを繰り返す。**
ちなみに、私は言えなかったときの印を次のように決めています。最初が丸（○）、次は丸に縦棒追加（⦶）、次は横棒追加（⊕）、最後は丸をもう一つ追加（⨁）。このくらいやるまでには、たいてい覚えられます。

⑧ **「日本語→英語」ができたら、次は「英語→日本語」が言えるように練習する。**
今度は、左側（日本語の側）を紙で隠しながら、右側の英語に対応する日本語を上から順に言っていきます。全部できるまで繰り返すことや、印のつけ方は先ほどと同じです。

⑨ **何回も練習して単語シートが印でいっぱいになったら、消しゴムで消して再使用する。**だから、印をつけるときには、ボールペンではなくシャープペンシルを使います。

この一連の作業をすべて、すき間時間を活用してやってしまいます。実際やってみると、本当にわずかの時間で随分とはかどるものです。

ご参考までに、私がオリンピックの「医療サービス」の単語を練習で覚えたときの単語帳シートをご紹介しておきます。図15のように、単語の前に印をつけながら覚えます。

シートの中に、発音記号を手書きしてあるのがおわかりになりますか？
単語の発音とアクセントの位置は大事です。ここを押さえておかないことには、話しても通じないことがあります。この例では、「挫傷」の「contusion」、「発熱」の

| | | |
|---|---|---|
| 水ぶくれ | (water) blister | |
| 絆創膏 | adhesive bandage | |
| 消毒薬 | antiseptic solution, disinfection | |
| 経口補水液 | oral rehydration water | |
| 感染する | infect | |
| 炎症 | inflammation | |
| 点滴 | intravenous drip | |
| CT | computerized tomography | |
| 造影剤 | contrast medium | |
| 放射線 | radiation | |
| 放射線科 | radiology | |
| 吐き気 | nausea | |
| 打撲 | blow | |
| 肺挫傷 | pulmonary contusion | kəntʃ(ʒ)ú:ʒən |
| 救急箱 | emergency medical kit, first-aid kit | |
| 動脈 | artery | |
| 静脈 | vein | |
| 鼠蹊部 | inguen, inguinal region, groin | |
| 膿 | pus | |
| 慢性の | chronic | |
| 心電図 | electrocardiogram | |
| 内科 | internal medicine | |
| 整形外科 | orthopedics department | |
| 痰 | phlegm, sputum | |
| 超音波検査法 | ultrasonography, sonography | |
| 診察 | (medical) examination | |
| 治療 | medical treatment | |
| 検査 | examination | |
| 診断書 | medical certificate | |
| 発熱 | pyrexia,fever | paiəréksiə |
| 下痢 | diarrhea | |
| 痙攣 | convulsion, spasm, cramp, twitch | |
| 凝固 | coagulation | |
| 胸部レントゲン | chest X-ray | |
| 腹部 | abdomen | |
| 抗生物質 | antibiotic | |
| 微熱 | slight fever | |
| 発疹 | rash | |
| 解熱剤 | antipyretic | |
| 胃腸の | gastrointestinal | |
| 蕁麻疹 | hives | |
| 市販薬 | over-the-counter drug | |
| 便秘 | constipation | |
| 脱臼 | dislocation | |
| 骨折 | fracture | |
| 筋炎 | myositis | maiousáitis |

図15. 医療サービスの単語帳の例
(発音記号、記憶チェック印入り)

「pyrexia」、「筋炎」の「myositis」に、鉛筆で発音記号とアクセントの位置を書き込んでいます。

単語は「意味、発音、アクセント」の3点セットで覚えましょう。

ここでは、「陸上競技種目」と「医療サービス」の2つの単語シートをご紹介しました。実はこの2つ、同じ単語シートでも若干性格が異なります。

陸上競技種目の単語帳をつくるのは簡単です。単に、英語と日本語のウィキペディア「Athletics at the Summer Olympics」と「オリンピック陸上競技」を対比して各種目の日英対照表をつくればいいだけです。

しかし、もう一方の「医療サービス」の単語帳は一筋縄ではいきません。それは、「医療サービス」という分野でアスリートたちがどんな会話をし、そこにどんな単語が出てくるか、自分なりに推測しないといけないからです。

たとえば、「手にまめができた」「足がつった」「擦りむいたので消毒薬が欲しい」

「絆創膏を貼りたい」など、現場で実際に起こりそうなことをイメージし、そのときに必要になるであろう単語を洗い出します。

つまり、ここでは「まめ」「(足が) つる」「消毒薬」「絆創膏」などの単語を考えながらピックアップする能力が求められるのです。

このとき、アスリートの実態についてくわしければくわしいほど、この推測が正確になります。つまり、その分野の経験や知識が豊富だと、後々役に立つ単語帳がつくれます。

**知っておくべき単語の選定においても、知識・経験・情報が鍵を握るのです。**

## クイックレスポンスを目指す――目標は「日本」と言えば、即「Japan」

「日本」、「本」、「木」、「空」、「山」、「川」、「島」、「夢」、「国」、「私」。

全部、英語で言ってみてください。正解は、「Japan」、「book」、「tree」、「sky」、

「mountain」、「river」、「island」、「dream」、「country」、「I」ですね。

日本語を見て、間髪を入れずに英語が出てきたことと思います。逆（英語から日本語）だって素早くできるはずです。

では、これはいかがですか？　同じように英語で言ってみてください。

「教育」、「コマ」、「すずめ」、「雲」、「寺」、「風船」、「キリン」、「買い物」、「（鳥の）ワシ」、「政府」。

正解は、「education」、「top」、「sparrow」、「cloud」、「temple」、「balloon」、「giraffe」、「shopping」、「eagle」、「government」です。

いかがでしたか？　だいたい知っている単語だけれど、先ほどのようにはスムーズに出てこなかったという方が多いのではないでしょうか？

そこで、ミッション（mission）です。後半の単語も前半の単語と同じような速さで、即座に反応できるようになってください。

目標は、考えなくても反射的に言葉が出てくる速さです。「ミッション・インポッシブル」なんて下手な冗談を言っている場合じゃありません。

ではどうするか？　**何度も何度も、反復練習することです**。それしかありません。つねに単語シートを持ち歩き、時間があれば取り出して練習する。目標は、「日本」や「本」が「Japan」、「book」と即答できるその速さです。

単語学習においては、このクイックレスポンスが非常に重要です。その言葉（単語）に即時に反応できて、初めてそれが自分のものになったといえるのです。

仕事の現場で自在に使いこなすには、そのレベルが必要です。英語で「教育」と言いたくて、「えーっと……」と一瞬間を置いてから「education」では遅すぎます。それではなかなか現実の用には立ちません。

せっかくつくったオリジナル単語帳です。自分の単語帳の中の単語ぐらい、クイックレスポンスができるレベルまで、徹底的に使いこなしましょう。

まずは、仕事の単語でいいのです。それならできるはずです。私も、「やり投げ」→「javelin throw」、「十種競技」→「decathlon」が間髪入れず出てくるようになるまで、何度も練習を続けようと思っています。

## 単語学習は簡単。反復練習で誰でも身につく

単語は覚えてもすぐに忘れてしまうもの、そう思ってください。「せっかく覚えたのに！」とがっかりすることはありません。なぜなら、忘れたと思っても全部を忘れてしまったわけではないからです。

**単語学習にかけた時間や労力は、決して無駄にはなっていません。**記憶の中に確実に残っています。身につかないのは、途中でやめてしまうからです。

まったく新しい50ワードの単語シート1枚を覚えるのにかかる時間は、だいたい1時間ぐらいでしょうか。初めて見る単語は、覚える手がかりが見つけにくくて苦労す

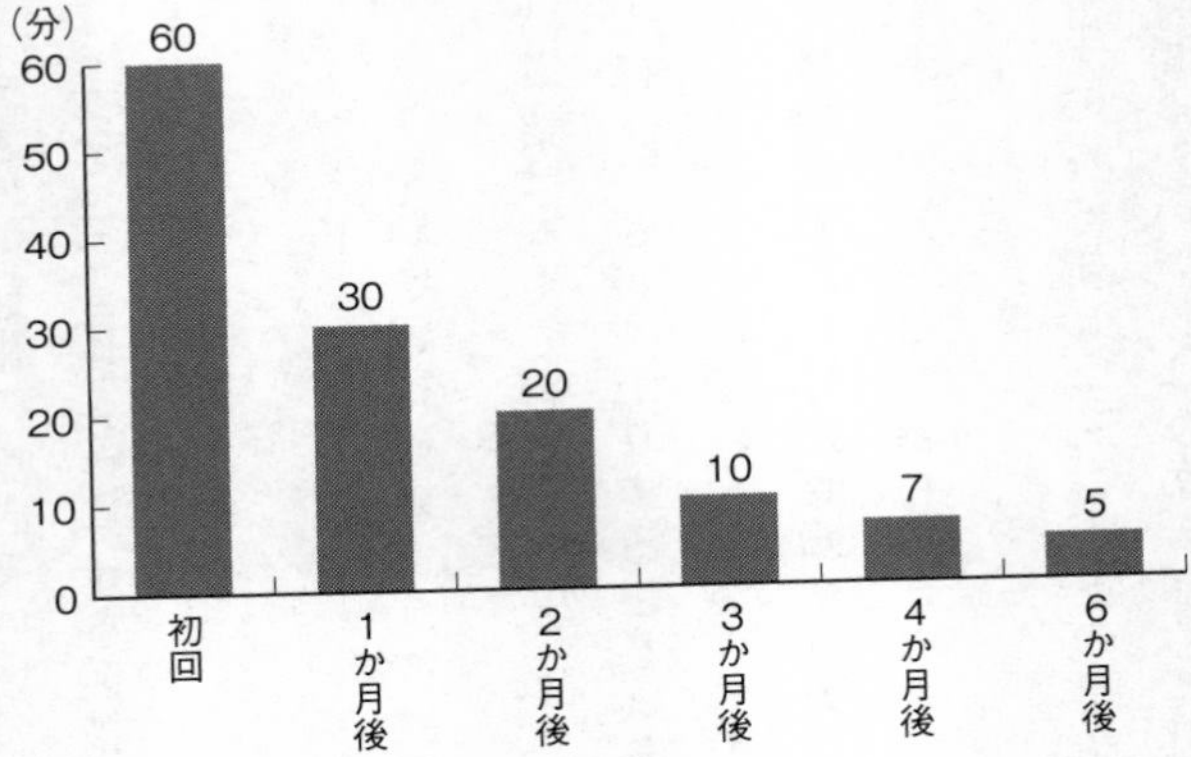


**図16. 50ワードの新しい単語を覚えるのにかかる時間**

るものです。

おまけに、初回は記憶の定着が弱く、1週間もすると半分ほどを、1か月も経つとほとんど忘れてしまいます。

しかし、1週間後に同じ単語シートを覚え直してみると、前回1時間かかったものが20分程度でできてしまいます。

1か月後だとしても、30分もあれば記憶がよみがえり、再度全部の単語を覚えきることができます。初回に苦労した記憶は、一度忘れてもすぐに取り戻せるのです。

私の経験則からいって、単語学習にかかる時間のイメージは、だいたい図16のようなものです。

6か月後ともなると、単語が記憶の中にいい具合に収まってきます。なので、ほとんどの単語を覚えていますし、たとえ忘れたものがあってもすぐに思い出せます。

一つ大事なことは、**単語帳をつくったらその日のうちに、シートの単語を一度は覚えてしまうこと、初回の記憶を完了してしまうことです。**

その日中にやってしまえば、1時間ですむものが、作成後1週間ほど寝かせてしまうと、覚えるのにかかる時間が随分余計に必要になります。また、記憶の定着も弱くなります。

50ワードの単語シート一枚をつくったら、せっかくなのでもう少しがんばって、その日のうちに一度は覚えてしまいましょう。あとは、そのシートを当分の間、どこへ行くにも持ち歩いてください。

私は定年後プロ通訳者になったとき、自動車など技術分野のほかにも、専門分野を持ちたいと考えました。それが医療であり、ＩＲ（インベスター・リレーションズ、投資家向け広報活動）です。ともに、通訳の需要が多いと聞いていたからです。

最初の頃、医療関係の単語を覚えるのには大変苦労しました。どれも耳慣れず、また長い単語が多いのです。

たとえば、「非ステロイド性抗炎症薬」は「NSAID=nonsteroidal anti-inflammatory drug」、「副鼻腔炎」は「paranasal sinusitis」、「気管支炎」は「bronchitis」とか、こんなのばかりです。

しかし、我慢強く覚えはじめると、１回目よりは２回目、２回目よりは３回目と、先述の経験則で述べたように、どんどん記憶に残ることを実感しはじめました。

**そのとき私は62歳、それでも記憶力は大丈夫でした。**

私はいまも、医療やＩＲ関係の仕事に行くときには、いつも自分オリジナルの単語帳に目を通し、クイックレスポンスの練習をしてから出かけます。

何度も繰り返していると、「非ステロイド性抗炎症薬」や「副鼻腔炎」もしだいに日常語になってくるのですから、人間の頭脳は大したものだと思います。

**還暦を過ぎても、記憶力は余裕で維持できます。60歳以下の方、年齢を言い訳にするのはなしですよ！**

## 【勉強法3】「イメトラ」と「サイトラ」で、イメージを英語にする

### 仕事の英語は、「イメージ・トランスレーション」で鍛える

通訳者の学習方法で**「サイト・トランスレーション」**（略して「サイトラ」）と呼ばれるものがあります。英語では「sight translation」、日本語訳を充てるなら「視訳」。

つまり、**書かれた原文（英語でも日本語でも）を目に入った単位ごとに頭からどんどん口頭で訳していく**ことを言います。

私がサラリーマン時代、クライスラーとの仕事で無意識のうちに行っていた方法は、

これに近いものでした。

ただ、サイトラと違う点は、文を読むかわりに、頭の中にあるイメージを英語にしていったのです。つまり、**「イメージ・トランスレーション」**です（私の造語ですが「イメトラ」と呼びます）。

**テレビ会議で相手にどう説明するか、目まぐるしく頭を働かせ、心の中で、場合によっては小声で口に出して、当日話すことを練習するのです。**

「イメージ・トランスレーション」と「サイト・トランスレーション」は、英語が話せるようになるための非常に有効な訓練法です。

そこでは、日本語から英語に「言語を置き換える」という考えを捨ててください。

その代わりに、**「意味（メッセージ）を伝える」ということを強く意識してください。**

それが、通じる英語、わかりやすい英語を話すということにつながります。

具体的にどんなことをするのか、当時の私の仕事を例に説明してみましょう。先ほどのボルト破損の事例です。
ボルトが破断した顚末は、次のようなものでした。この内容を英語で相手にわからせる必要があります。

「ボルトに切削油がつきっぱなしになっていた」
↓「そのため、摩擦係数が低下していた」
↓「油をふき取らず、そのままの状態で締めつけた」
↓「加えて、トルクスペックの規定値上限で締めた」
↓「これらが重なって軸力過大となった」
↓「最弱部であるボルト頭付け根付近の応力が材料の許容値を超えた」
↓「その結果、ボルト破断に至った」。

仕事の中でこういうことを幾度となく経験してきた私は、この現象をはっきりとイメージすることができます。そこで、そのイメージを一つずつ英語で言ってみるので

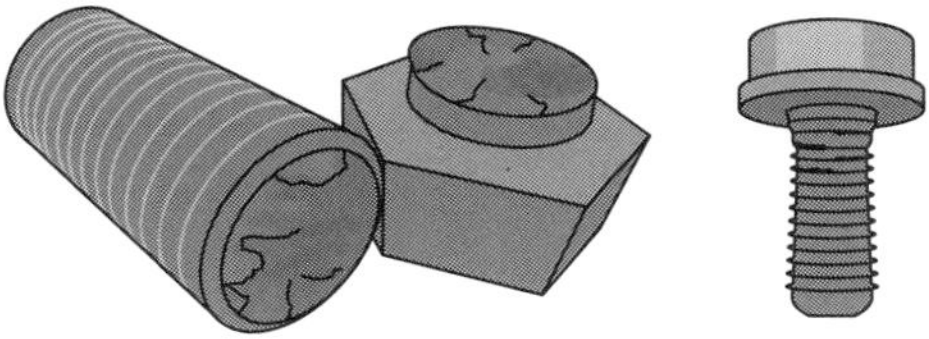

図17. ボルト破断のイメージ

す。

ここでの最初の文章は、「ボルトに切削油がつきっぱなしになっていた」です。

私には、切削油のついたボルトが見えます。それをいろんな英語で言ってみます。

「A bolt had cutting oil on it.」、「A bolt was left with cutting oil on it.」、「Cutting oil was not wiped away from a bolt.」、「I found an unacceptable level of cutting oil on a bolt.」、「There was cutting oil left on a bolt.」などなど、言い方はほかに何とおりも考えられます。

英語の表現はみな違いますが、言っている内容は基本的に同じです。何でもいい、とにかく切削油のついたボルトのイメージをどんどん英語にします。

日本文の直訳である必要はなく、原文にある概念を英語にすると思ってください。そうすると、表現の自由度が広がります。**イメージを英語にする表現は無数と言っていいほどあるのです。**

**英語の試験のように、日本語の文章を原文に忠実に英語にする必要はありません。**一対一の対訳なら、「Cutting oil was left on a bolt.」くらいでいいのかもしれません。しかし、これは試験ではなく、実業の世界でのコミュニケーションを想定したものです。

したがって、正確な対訳にこだわることには、まったく意味がありません。むしろ、**文法や文章にとらわれることは、円滑なコミュニケーションの妨げになります。**

逆に、文字や文章を離れ、頭の中にあるイメージ（知識や内容）をそのまま相手に伝えられるようにするのがいいでしょう。

それなら、「ボルトに切削油がつきっぱなしになっていた」は、「切削油がボルトから拭き取られていなかった」でも、「ボルトに許容レベル以上の切削油がついているのを見つけた」でもいいわけです。

だから、先ほどのようにいろいろな言い方が出せます。これで、会話にスピードとリズムが生まれ、わかりやすさや説得力へとつながります。


次のイメージは、「そのため、摩擦係数が低下していた」です。「Because of it, the friction coefficient was low.」、「Cutting oil made the friction coefficient low.」、「Cutting oil lowered the coefficient of friction.」などなど。できるだけいろんな表現を試してみます。

その次の「油を拭き取らず、そのままの状態で締めつけた」は、「The bolt was tightened without wiping the oil from it.」、「The worker tightened the bolt with oil left on it.」、「Nobody wiped the oil from the bolt and it was tightened.」などなど。日

本語の文章や言葉にとらわれさえしなければ、いろいろ出てくるはずです。

イメージから自由な発想で英語にしていく。繰り返しますが、**大切なことは、オリジナル文の忠実な英語変換ではなく、わかりやすい意味**（メッセージ）**の伝達です。**そのために、イメージを変幻自在に加工する。

**これは、自分の仕事だから、よくわかっているからこそできる技です。**門外漢の人には難しいでしょう。

エンジニアならエンジニアの仕事で、医師なら医師の仕事で、頭の中のイメージを多彩な表現で英語にしてみてください。

英語が苦手な方は、よく知っていること（たとえば自身の仕事のこと）を話すアドバンテージの大きさに気づいていない人が多いようです。

最初から英語ができないと決めてかかるのではなく、**仕事の英語限定ならやりやすいし、自分こそできると発想を転換してほしいと思います。**

イメトラの中では、単語に対する手当もします。「摩擦係数」(friction coefficient) や「軸力」(axial force、あるいは axial tension) などはチェックして単語帳に加えます。エンジニアなら、それが必ず自分の財産になっていきます。

会議の場面をイメージしながら、話すべきことをぶつぶつと英語で言えるよう練習し、出てきそうな単語はクイックレスポンスができるレベルまで頭に叩き込んでおく。やるべきことはこの2つ、「イメトラ」と「単語」です。

**知らない分野は、「サイト・トランスレーション」を併用して鍛える**

自分の仕事、専門分野の話であれば、知識が豊富で具体的なイメージがあるので、イメトラがやりやすいでしょう。

しかし、あまり経験のない分野の話なら、**「サイト・トランスレーション」**(サイトトラ) を併用します。

たとえば、私の場合の東京オリンピック。なかでも、陸上競技。この分野では、私はまだまだ経験不足です。

頭の中からわいてくるイメージは限られていて、十分ではありません。そんなときには、書かれた文章を使ってサイトラをします。

では、実際にやってみましょう。次の記述は、ハンマー投げのウィキペディアからの抜粋です。

「回転数は選手によって異なるが、通常は3回か4回転で投げる。日本記録保持者の室伏広治は4回転投げである。以前は、3回転投げが主流であったが、現在ほとんどのトップアスリートは4回転で投げている」

これを、頭から英語で言う練習をするのです。たとえば、

「The number of rotations varies for each athlete. Three- or four-time rotation is common. Koji Murofushi, Japanese record holder, throws with a four-time rotation. Three-rotation throw used to be the mainstream, but currently most top athletes throw with a four-time rotation.」

などと言ってみます。そのとき、英語のウィキペディアなども参考にしましょう。投てき動作について次のような記述がありました。

「The throwing motion involves two swings from stationary position, then three or four rotations of the body in circular motion using a complicated heel-toe movement of the foot. The ball moves in a circular path, gradually increasing in velocity with each turn with the high point of the ball toward the sector and the low point at the back of the circle. The thrower releases the ball from the front of the circle.」

これを訳してみると、次のようになります。

「投てき動作は、静止位置から腕を2回まわしたあとに、3ないしは4回身体を回転させます。この際に複雑な足の動き、つまり、かかととつま先の動きが必要となります。砲丸は、円軌道を描きながら次第に加速します。円軌道は、扇形形状が広がる投てき方向に向かう位置で最も高く、反対側で最も低い。競技者は、サークルの前端部からハンマーを投げ放ちます」

注目語彙としては、投てき動作「throwing motion」や、動詞「involve」の使い方、「swing」と「rotation」の使い分けや、投てきの有効試技ゾーンを「sector」と呼ぶ点などが参考になります。

「athlete」の代わりに「thrower」を使っているのも、投てき競技ならではでしょう。「with」や「toward」などの前置詞をうまく使って、簡潔な文章にまとめている点も注目です。

実際に、選手が試技をしている動画もチェックしてみましょう。私は、YouTubeで室伏選手の投てきシーンを見ました。動画を見ると、「swing」と「rotation」の違いがよくわかります。

最初の2回、上方で腕をゆっくり回しているのが「swing」、その後身体の軸中心とともに高速で回るのが「rotation」。

これで、単語と動作のイメージがしっかり一致します。英語の説明にある複雑な足の動きや砲丸の軌道も、動画で見ると一目瞭然。なるほどとウィキペディアの説明に納得します。

ここで、ちょっと考えていただきたいことがあります。もし、「ハンマー投げ」という競技をまったく知らない人が、ウィキペディアの英文や私の拙訳を読んだとき、どんな競技だと思うでしょう？

文章から、動画で見る室伏選手の投てきをイメージできるでしょうか？　いや、できないと思います。

私たちがこの文章を違和感なく読めるのは、すでにハンマー投げがどのような競技なのかを知っているからです。**ベースになる知識があるから、英語を読んで簡単にイメージがわくのです。**

私が一度もハンマー投げを見たことがなかったとしたら、拙訳は間違いなく迷訳になってしまいます。それほどに、知らないことは訳せない、何とか訳しても残念ながら伝わらないとまでは言いませんが、伝わりにくいのです。

イメトラとサイトラ。**とにかく、書いたものであれ、動画であれ、イメージであれ、どんどん英語にしてみる。**

第2章で述べた英語の「PDCAサイクル」を何度もグルグル回すことです。

## 単語学習とイメトラ・サイトラで、話題の定形化を進める

オリンピックアスリートの通訳者となるためには、競技の領域をカバーするだけでは十分ではありません。競技以外の分野でも知識を仕入れ、英語を磨く必要があります。

これは、先に東京オリンピックで英語を使う分野のイメージ図に示したとおりです。特に、医療に関する知識とその英語は、アスリート通訳者にとってニーズが高いといえるでしょう。

なかでも、スポーツ障害全般に精通しておくことは必須の要件ではないかと思います。

では、単語の覚え方のおさらいをかねて、スポーツ障害に関する知識と英語の勉強のしかたについて見ていきましょう。

スポーツ選手に多い障害や疾患には、ざっと次のようなものがあります。筋肉痛、肉離れ、こむら返り、捻挫、骨折、打撲、脱臼、靭帯損傷、アキレス腱断裂、熱中症……。

お気づきのとおり、まずは単語です。それぞれ、「muscular pain」、「muscle dislocation」、「leg cramp」、「sprain」、「broken bone」、「blow」、「dislocation」、「ligament injury」、「rupture of Achilles tendon」、「heatstroke」です。

当然、私はこれらを**単語帳に書き加えて覚えます**。普通はほとんど使わない単語が多いです。これらを、アスリートの通訳者だから覚えるのです。

すき間時間を活用しながら、クイックレスポンスができるようになるまで、何度も繰り返します。最初はすぐに忘れますが、思い出すのは早いはずです。

もちろん、何でもかんでも覚える必要はありません。今の自分に必要な単語、仕事で使う単語だけを覚えればいいのです。**その継続で語彙力が培われます。**

単語とともに、それぞれの障害がどういうものかを調査し**内容を理解します。**症状は、原因は、対処法は、予防法は、などです。

筋肉痛や捻挫といった、運動選手に起こりやすい外傷や疾患を知り、それを英語で表現できることは、アスリート通訳者の責任です。

単語を洗い出し、情報を集めたら、次はそれが英語で言えるように練習します。まずは**サイトラ**、慣れてきたら**イメトラ**です。

試しに、ウィキペディアで「熱中症」を見てみましょう。こんな記述がありました。

「熱中症は、屋内・屋外を問わず高温や多湿等が原因となって起こり得る。日射病とは違い、室内でも発症するケースが多く、年々増加傾向にある。高温障害で、日常生活の中で起きる『非労作性熱中症』と、スポーツや仕事などの活動中に起きる『労作性熱中症』に大別することができる。」

オリンピック選手の通訳者を目指す私は、これを文のはじめからサイトラします。

「Heatstroke can occur due to a hot and humid environment, regardless of the location, whether it's indoor or outdoor. Unlike sunstroke, heatstroke often occurs even in an indoor area, and the number of those cases is increasing year by year. ……」。

同時に、ここに出てきた単語も押さえます。「日射病」は「sunstroke」、「高温障害」は「high-temperature injury」、「労作性熱中症」は「exertional heat stroke」などです。

忘れずに単語帳に書き加えて覚えることにします。

サイトラの次はイメトラです。この時点では、「熱中症」がどんなものかは、すでにある程度、頭の中に入っています。

**原稿から離れて表現は自由です。文法や単語にも制約はありません。**ポイントは、熱中症とそれに関係する事柄の知識が十分で、内容がしっかり咀嚼できているかということです。

では、熱中症にかかったアスリートに症状を聞いたり、対処法を話している自分をイメージしながら英語を出してみます。

たとえばこんな具合です。

「気分はどう？（How do you feel?）　頭痛は？（Headache?）　熱はありそう？（How about fever?）　吐き気とめまいがするんだね。（I see. You feel nausea and dizzy.）　経口補水液を飲んで、少し横になって。（Drink rehydration solution and lie down.）　すぐに医師が来てくれるから。（I called a doctor. He will come soon.）……」

遭遇しそうな状況を想像しながら、いろいろ言ってみます。「nausea」や「dizzy」「rehydration solution」といった単語は、網にかけて単語帳に収録しましょう。

このとき、知識や経験が豊富であればあるほど、適切で、相手を思いやったたくさんのイメージが思い浮かぶはずです。

**知識があれば、よい準備ができ、有用な語彙も数多くつかまえられるというわけです。**

「競技」や「医療サービス」のほかにも、「宿泊施設」「輸送機関」「店舗」「観光」など、東京オリンピックに関係するさまざまな分野がありましたね。

それぞれの分野について英語で言えるために、どの程度まで掘り下げるべきなのかは、持ち場や立場でおのずと差があります。

選手付きの通訳者にとっては、「競技」や「医療サービス」ほどには、「店舗」や「観光」についてくわしくなっておく必要はないでしょう。

そのあたりのさじ加減は、準備をすればするほど、経験を積めば積むほどにわかってきます。自分の仕事の範疇なら、優先順位や準備の仕方は、具体的にやりはじめればすぐに飲み込めます。

自分にとって英語が必要な話題で、知識獲得、内容理解、語彙学習、サイトラ、イメトラといったプロセスを積み上げていきます。

**話題を限定すれば、難しいことではありません。**特に自分の仕事に関してなら、知識も経験も豊富にあり、モチベーションも高いのでやりやすいし、何より続けられます。

まずは仕事ではじめること、一歩を踏み出すことです！

## 表現を増やすコツ①——主語を変えてみる

先ほど、サイトラやイメトラについてお話しした際に、言い方は何とおりもあるので、いろんな表現を試してほしいと言いました。

「そんなこと無理！」とおっしゃる方のために、手引となる方法を一つご紹介します。

それは、主語を変えて言ってみるやり方です。文章を発話するとき、話し出し、つまり主語を何にするかで、その後の文の構成はさまざまに変わります。頭の中にあるイメージを言葉にするとき、取り得る主語の数は驚くほど多いのです。何でも主語にできると言ってもいいくらいです。

たとえば、先に出てきた例文「ボルトに切削油がつきっぱなしになっていた」で実際にやってみましょう。

この日本文の主語は「切削油」です。まず、英語でも「cutting oil」を主語にすると、「Cutting oil was left on the bolt.」となります。

では、主語をいろいろ変えてみましょう。主語として、ほかにどんな言葉が考えられるでしょうか？　主語を変えても、意味としては同じ内容のことを伝えるのです。ボルトに切削油がついたままになっていたために、ボルト破断が起こった。頭の中にその現場のイメージを描きつつやってみましょう。

・Cutting oil was left on the bolt.（「切削油」を主語にした基本形です）

・The bolt had cutting oil on its surface.（「ボルト」を主語にしてみました）
・The worker found cutting oil on the bolt.（今度は「作業者」が主語です）
・I found cutting oil left on the bolt.（「私」が主語）
・The liquid left on the bolt was cutting oil.（「液体」が主語）
・The investigation result showed cutting oil left on the bolt.（調査結果）
・It was cutting oil that remained on the bolt.
・There was cutting oil on the bolt.
・What was left on the bolt was cutting oil.
・The matter that should have been wiped out from the bolt was cutting oil.
・The amount of cutting oil left on the bolt was not an acceptable level.
・The fluid that remained on the bolt was the oil used in machining.
・The lubricant should not have been left on the bolt.
・Someone should have cleaned the cutting oil from the bolt.
・The level of cutting oil left on the bolt was not acceptable.

・The stuff on the bolt turned out to be cutting oil.

どうでしょう?　いささかこじつけっぽいものもありますが、仕事の背景を共有している者どうしなら十分理解し合えます。さらに、文章の構成に手を加えたり、同義の単語に置き換えたり、形容詞や副詞を追加すれば、表現の数は指数関数的に増えていきます。

**意味（メッセージ）を伝えるのに、一つの表現だけにとらわれるなんてナンセンスです。**

こうした、オリジナルの日本文にとらわれない表現の数々は、内容を熟知し、背景を理解していればいるほど出やすくなります。

何度も言いますが、英語コミュニケーションで伝えるべきなのは、文章の和英文変換ではなく、意味内容なのです。だからこそ、仕事の知識や経験には、英語力の不足を補って余りあるほどのパワーがあるのです。

仕事の英語は、おのずと表現の柔軟性が増し、話しやすい。そのことをいま一度、肝に銘じていただきたいと思います。

### 表現を増やすコツ②――日本語を日本語に置き換える

もう一つ、英語を使う際に柔軟性を高める方法をご紹介しましょう。

AとB、2つのデータを比べる話をしています。「現状のままでは、A、Bどちらがいいか比較できません」と言おうとします。英語に訳そうと思うのですが、「現状のままでは」がスッと言葉になりませんでした。

さて、どうしましょう？

そんなときは、この日本語を別の日本語に置き換えてみます。たとえば、「AとBを比較するためには、何かをしなければなりません」です。

これなら、すぐに英語になりました。「In order to compare the data A and B, we

need to do something.」。この日本語の置き換えにより、訳せなかった「このままでは」に触れることなく、最初の文の主旨が表現できています。

「現状のままでは、A、Bどちらがいいか比較できません」と、「AとBを比較するためには、何かをしなければなりません」。日本語の文章は違いますが、2つのデータの比較を論じている文脈の中では、結局同じことを言っています。日本語でも、同じ意味内容を伝えるのに言い方はいろいろあります。元になる日本語をどう発想するかで、続く英語の文章は変わってきます。

ということは、英語への訳しやすさも、発想する日本語の影響を受けるということです。

ちなみに、最初の日本語も、「このままでは」を「この形では」のことだと考えてしまえば、「We can't compare the data A and B in this form.」と簡単に英語になります。

このように、**原文にとらわれない、英語にする以前の発想のしかた一つで、負荷を大きく下げることができるのです。**

同じような例は、数えきれないほどあります。

たとえば、「買い手が取引先を変更してもコストはかからない」と「買い手はコストをかけずに取引先を変更できる」。ニュアンスに違いはありますが、言っていることはほぼ同じです。

訳すなら、はじめの方は、たとえば「Even if the buyer changes a contractor, he won't incur any cost.」。後の文なら、「The buyer can change a contractor without any cost.」でどうでしょう。同じような意味ですが、英語への訳しやすさには差があるのではないでしょうか。

あるいは、「うまくいかなかったら、すぐに中止します」と「もし問題が起こったら、すぐに中止します」。ここには、「うまくいかない」＝（イコール）「問題が起こった」との認識があります。

英訳は、最初の文が「If it doesn't work, I will stop it immediately.」。後の方は、「If a problem happens, I will stop it immediately.」となります。

このように発想した日本語の差が、英語としても違った表現を生み出します。これは浮かんだイメージの中から、自分が最も英語にしやすい表現を、瞬時に選び出すという作業でもあります。

理想的には、日本語置き換えの段階をスキップし、イメージから一気に英語に到達することですが、その前段階として、**日本語による置き換えの概念があれば、英語にする際の柔軟性を増すことができます。**

そして、もっと極端な例がプロローグで紹介したような、「西の方から雨雲が近づいています」と「もうすぐ雨が降るかもしれません」。気象の知識があれば同義であるという究極の置き換えです。

英語では、「The rain clouds are approaching from the west.」と「It may begin to rain soon.」でしたね。

**私がしてきたこと、今もしていること**

最後に、大切なところをもう一度まとめておきます。ある話題について英語で話せるようになるために、私がこれまでにしてきたこと、そして今もしていることです。

**① 知識獲得・内容理解**（知識のある仕事に関してならスキップできます）
**② 話題に関連した語彙習得**（クイックレスポンスができるレベルを目指します）
**③ サイト・トランスレーション、イメージ・トランスレーション**

この3つが、クライスラーとの業務で私がしていたこと、結果として英語コミュニケーション力の向上に大いに役立ったことですが、通訳者となった今も、仕事へ行くたびに基本的にこれと同じことをしています。

先日、通訳の仕事で新聞の印刷工場へ行きました。事前に、印刷の原理や最新の技術を調べ、もらった資料やインターネットの記事でサイトラをしていきました。

輪転機（rotary press machine）や刷版（printing plate）など、話題に出そうな単語は単語帳にまとめ、クイックレスポンスができるくらいまで覚えていきました。

そして、仕事が終わってしみじみ思いました。印刷原理や輪転機の構造を勉強していってよかった（知らなかったら、この通訳はできなかった）。専門用語を頭に入れておいてよかった（そうでなかったら、大変だった）。

知らないことは訳せない。単語が出ないと苦労する。逆もまた真なりです。中身を知っていることは話しやすいし、単語を知っていたらとっても楽なのです。

もし、あなたの仕事が印刷関係なら、その原理や輪転機に関しては十分な知識と深い理解をお持ちのはずです。専門用語についても、基本的なものならすでになじみがあるでしょう。

**仕事の話なら、はじめから大きなアドバンテージが持てるのです。**それは、私の一夜漬けの準備とは、とても比較にならないものです。

## 【勉強法4】文法は、仕事の中で試して磨く

### 文法は大事

知識、語彙、イメトラ・サイトラが、英語習得の必須アイテムだということは確かなのですが、もう一つ、欠かせない学習項目があります。それが「文法」です。

英語は通じさえすればいいので、文法は重要ではないと主張する人もいます。私もコミュニケーションの英語は、正しく意思が通じ合うことが最も重要で、細かい文法規則をそれほど気にする必要はないと思っています。

しかしながら、やはり基本的な文法知識がないことには「正しく」という部分があやしくなってしまいます。あってはならない間違いが生じるおそれも否定できません。

そうなっては、コミュニケーション自体の意味が損なわれてしまいます。

文法は大事です。特に、私のように年齢がいってから本格的に英語を始めた者にとっては、きわめて大事だと思います。

サイトラやイメトラが自在にできるためには、それなりの文法知識が必要です。**正しく文章が構築できて初めて早く、正確に伝わる英語になるのです。**

単語の羅列だけではなかなか通じません。リスニングだって、文法がわかっていないと、意味が取れませんし、誤解も生じます。読み書きにおいては、言わずもがなです。

さて、その文法ですが、英語学習者、特に初・中級の人の中には、自分は文法が弱いと思っている人が多いと聞きます。

それならば、中学や高校の英語の教科書で勉強し直せばいいという話もよく出ます。

文法は中高校レベルのものがマスターできていれば十分だろう、と。

確かにそのとおりなのですが、いざやろうと思うとなかなか敷居が高い。範囲が広いし、さてどこから手をつければよいのやら、と二の足を踏む。

そもそも、文法のどこが大事で、自分はどこがわかっていないのかがよくわからない、との声も聞こえてきます。

私自身は、文法は人には教わらず、参考書や問題集で何とか身につけてきました。それができたのは、受験英語の蓄積があったからだと思っています。今から50年近くも前に学んだことですが、そのおかげで今がある、と言ってもいいくらいです。

当時の読み書き主体の英語教育は、日本人が英語でコミュニケーションが取れない原因のやり玉に挙げられることが多いですが、私はそのおかげで一応の文法力を身につけることができたと思っています（当時は、そんなことは考えたこともありませんでしたが）。

文法力がしっかりしていると、年齢を経たあとでも、聞き、話す力を伸ばすのが随分と楽になるのです。

## 文法はリアルな仕事で磨くのが一番。困ったときこそ学ぶとき

それでは、文法に自信のない人は、いったいどうすればいいのでしょうか？　私は文法も、やはり仕事を通じて身につけることだと思っています。

総花的な文法学習では、範囲が広く時間もかかって、どうしてもハードルが高くなる。そこで、仕事で必要になったときに使う文章や表現を通して、文法知識を獲得、強化するのです。

私がある中小企業の社長の商談通訳をしたときのことです。この方は、英語がまったくの苦手、コミュニケーションを取るのは相当厳しいだろうというレベルの方でした。

しかし、なんとか最初のプレゼンテーションは自分自身が英語でやりたいという強い意志を持っておられました。それで、はじめにこう言われました。「プレゼンのところは自分でやります。もし、どうしようもなくなったら通訳してください」。

社長は、手垢にまみれたスピーチ原稿をお持ちでした。原稿の作成は、英語が得意なお嬢さまにあれこれ手伝ってもらったとのことでした。結局、この方はプレゼンの最後まで、なんとか自分で務められました。

発音や流暢さなど、英語の出来、不出来はさておき、社長の熱意は顧客に十分伝わりました。通訳として私が入ったのは、Q&Aと実際の商談からでした。

自分が英語で何かを話さなければならなくなったとき、話すべき内容をどのように文章に起こせばよいのかを考えます。

何を主語にして、動詞に何を用い、文系は5文型の中のどれで、接続詞や関係代名詞をどのように使い、適切な副詞や形容詞は何で、前置詞句はどうするか、などです。

自分で苦労しながら文章をつくり上げ、英語がよくできる人の指導を受ける。間違いや冗長な箇所は直してもらって、なぜそうなのかを教えてもらう。

「必要は発明の母」の言葉のとおり、文法についてもニーズが出たときに学ぶのが、最もモチベーションが高まり、学習効率的にも一番賢いように思います。

仕事で英語を使う機会を積極的に求め、増やしてほしい理由がここにもあります。

## 日本人の先生やロールモデルを持つ

しかし、相談できる人、英語が堪能な人が周りにいない場合にはどうしましょう？ そのときは、つくる努力をしましょう。

この社長にとってのお嬢さんのような人、つまり必要なときにいつでも英語に関する質問ができて、相談に乗ってもらえるような先生をつくることです。あるいは、自分の英語学習の目標となるような人を持ってください。

**英語の学習過程において、自身のマスター（師匠）やメンター（指導者）、ロールモデル（手本）と呼べる人の存在は実に大きいものです。**

私にとっては、まだ全然英語ができなかった30歳のころに、社内英会話サークルへ誘ってくれた前出の会社の先輩がそうでした。

その後も、大学の市民講座で出会った先生や、英語同好会のクラスメート、また通訳者の先輩や同僚の中にも何人かのマスター、あるいはロールモデルと呼べる人たちがいました。

みなさんにとってのマスターやメンターは、会社の中の英語がよくできる先輩、同僚でもいいし、英会話学校の先生でも、また社外の友人でもいい。

これから英会話学校に通おうと思っていらっしゃるなら、受け身の受講ではなく、積極的によき出会いを求める意気込みで取り組んでください。

それから英語の先生、講師に関してですが、あなたが英語に自信が持てない初中級の学習者なら、絶対に日本人がいいです。それは疑問や要望を、直接日本語で質問したり、お願いしたりできるからです。

日本人講師なら学習者の苦労にも共感できますし、自己の経験に照らした勉強法など適切なアドバイスも期待できます。

**英語はネイティブについて学ばなければならないという考え（神話）は捨てましょう。**

特に文法は、日本人から教わることを強くお勧めします。英語で十分なコミュニケーションが取れない段階で、外国人講師について、文法事項の疑問点を問いただすことができずにいるのはナンセンスです。

たとえ、うまく質問できたとしても、日本人にもわかりやすく答えてくれるネイティブスピーカーはそうはいないでしょうし、仮にいたとしても、残念ながら、初中級者が英語による文法説明を易々と理解できるとは思えません。

## 座右の文法書を持つ

文法を学ぶには、具体的なニーズが出たときが一番のチャンスだとお話ししましたが、そのタイミングでいつも都合よく、周りにマスターやメンターがいてくれるとは限りません。

それに、英語を身につけようと志すからには、文法知識全体を底上げする地道な努力が欠かせないものです。40歳や50歳になってから仕事を通じて英語を身につけようという人にとっては、子どものころのような、感覚やセンスだけに頼ったやり方はもう無理です。

中高年の英語学習者には、大人だからこその論理的思考に基づくアプローチが不可欠です。その助けとなるのが、一つは英語コミュニケーション四角形の知識（横辺）であり、もう一つ英語（縦辺）の範疇にあっては文法です。

文法は英語の世界を旅する際の、きわめて有用な道標になってくれます。そこで、ここでは、普段からの文法学習の友として、私が読んでためになった文法書を2冊ご紹介しておきます。

私は50歳を過ぎて英語に興味を持ちはじめたころから、多くの文法書や参考書を読みました。その中でも、圧倒的にすぐれていると思ったのが1冊目のこの本です。

**☆石井辰哉『TOEIC　TEST文法別問題集　200点UPを狙う780問』**（**講談社**）

タイトルにあるとおり、TOEICテストを念頭に置いた問題集です。問題（別冊）とその解答、解説（本冊）が分冊になっていて、まず別冊の問題を解いたあとで本冊の回答と解説を読み、文法事項を習得していくというスタイルになっています。文型や時制、関係詞や仮定法などの学習項目が、章ごとに問題と解説で構成されています。

全部で780問ですが、私はこの問題集を10回以上はやりました。はじめに別冊問題集の設問を読んで、正解と思う番号に鉛筆で○印をつけます。それから、本冊で答え合わせをし、解説を読み、理解し、記憶します。

一とおり最後まで終わったら、何日か後にまたやってみる。前回つけた解答欄の鉛筆の印を消して、もう一度最初から問題を解いてみるのです。

これを何度も繰り返してやりました。そうしたら、それまでなかなか点数が伸びなかったTOEICのリーディングセクション（文法問題）で満点が取れたのです。これまで知らなかった文法項目やいい加減に理解していたところが、この本のおかげでしっかり強化できました。

**文法も単語と同じで、一度や二度では頭に残りません。**

しかし、一度目よりは二度目、二度目よりは三度目と繰り返すことで、次第に定着していきます。

50歳を過ぎた私の頭でも、繰り返すことで文法の要点は脳のひだに刷り込まれていきました。この問題集を使った文法学習は、いまサイトラやイメトラをする際に、そして何より現場で通訳をするときに、英文法の基礎として大いに役立っています。

もう一冊、ご紹介しておきたい参考書がこちらです。

**☆江川泰一郎『英文法解説　A NEW GUIDE TO ENGLISH GRAMMAR』（金子書房）**

私がこの本を買ったのは、もう10年以上も前のことになりますが、その時点ですでに「改訂三版第10刷発行」となっていますので、間違いなく文法書のベストセラーではないかと思います。

500ページを超える大著ですが、体系的に見やすくまとめられているので、調べたい文法項目の検索が容易です。たとえば、「5文型」について調べたいと思ったら、目次からでも、巻末の索引からでも簡単に当該ページへ案内してくれます。

各項目とも、記載された内容は要領よくまとめられていて読みやすい。例文が豊富なのも使い勝手のよいところです。

なにしろ、中身の濃い本ですから、最初から最後まで一気に読み切ってやろうと力んで取り組むのではなく、必要なときに手に取って必要な箇所を調べる、そして時間のあるときに、興味のある文法項目を少しずつ読み進めるという使い方で座右に置きたい文法書です。

文法書は、あれこれといろんなものを読みあさるのではなく、よいと思ったものに、じっくりと腰を据えて取り組むのがいいと思います。**同じ本を何度も何度も読み返して、理解や記憶の深度を深めることです。**

覚えては忘れ、理解しては忘れる――そういうものだと達観して繰り返してください。そうすれば、必ず身につきます。

**身につかないのは、途中でやめてしまうからです。**努力は決してあなたを裏切りません！

ここでご紹介した本以外にも、すぐれた文法書は多数あるはずです。本と学習者との相性の問題もあるでしょう。

ぜひ、自分に合った文法書を座右に置き、学習の心強い相棒として、末永くつきあっていただきたいと思います。

## 【＋α】大公開　私がしてきた勉強法のいろいろ

本書ではこれまでに、英語勉強法として、「知識の習得法」「語彙の習得法」「サイトラ・イメトラ」「文法学習」についてくわしくお話ししてきました。

これらはいずれも、私がクライスラーとの仕事で無意識に行っていた、そして今は定年後通訳者として、意識的に仕事の前に実行している、英語コミュニケーション力向上にきわめて有効な方法です。

しかし英語の勉強法には、これ以外にも、**通訳訓練、読解、聴解、作文、音読、ディクテーション、シャドーイング、リプロダクション、実践トレーニング**、などなどたくさんあります。

どの学習方法も、長きにわたって多くの学習者に支持されてきた、すぐれた特徴を持つものばかりですが、何を選ぶのがよいかは、人によって異なります。

その人の現在のレベル、目標、ニーズ、強みと弱点、性格、相性、そのときの気分などでも、どの方法が適しているかはおのずと変わってくるはずです。


私はこれまで、ここに書いたさまざまな勉強法を試してきました。その結果、仕事の英語に関しては、単語学習とサイトラ、イメトラはまず必須だと考えています。

しかし、それ以外の方法も活用してきましたし、今後も必要に応じて使うつもりでいます。みなさんも、実際に試してみて、自分に一番合ったやり方を見つけてみてください。

## 通訳訓練――プロの通訳者から学ぶ

「元気ですか！　元気があれば何でもできる！」。そう、ご存じ、元プロレスラー、アントニオ猪木さんの決まり文句ですね。これを英語で言うとどうなりますか？

それを実際に見て、聞いて、知ることができるのが、**「日本外国人特派員協会」の公式サイト**（https://www.fccj.or.jp/）です。

私は、通訳訓練のためによくこのサイトを利用します。毎回、時の人がゲストとして会見に招かれ、外国人特派員の前でスピーチをし、彼らの質問に答えます。

ゲストが日本人の場合には、外国人記者のために通訳がつきます。呼ばれる通訳者はみなさん一流ですから、非常にこなれた英語の訳出や、多彩な表現の数々を聞くことができます。

この日の会見は、アントニオ猪木さんの登場でした。その冒頭の発言が、先ほどの「元気ですか！　元気があれば何でもできる！」だったのです。

英語に訳すのに、これが絶対に正解です、というものはないのですが、その場の空気を切り裂く大音響の「元気ですか！」の訳が「How are you?」とか「Are you fine?」では、ちょっと違うんじゃないかなと思いますよね。


記者会見での通訳方法は「逐次通訳」と呼ばれるもので、スピーカーがしばらく話をして、そのあと通訳者がそれを訳すというスタイルになります。

ですから、このサイトを使っての勉強方法は、まずスピーカーの日本語を聞き、そのあと自分で一度英語にしてみます。

たとえば、先ほどの猪木さんのスピーチを例にとると、「元気ですか！　元気があれば何でもできる！」を聞いたところで、ちょっとビデオを止めて、まずは自分で英語にしてみます。

そしてその後で、答え合わせのように、プロ通訳者の訳を聴くのです。自分の訳との違いを確認し、学びたい表現や単語があれば単語帳に記録しておきます。これを続けます。

実際の通訳は、「さすが！」という訳出も多く、自分もそうなりたいと刺激され、もっと勉強しようと思わせてくれます。話者が3、4分連続で話しても、落とすことなくきちんと通訳で再現する技術など、高いレベルの英語力を知る意味でも、非常に参考になるはずです。

ただし、プロ通訳者の訳が唯一絶対というわけではありません。意識してほしいのは、発言された一つの日本語に対して、その内容を伝えられる英語表現は何とおりもあるということ。いろんな発想で、自由自在に訳出してみることがいい訓練になります。

また会見では、呼ばれるゲストも「今この人の話を聞きたい」と思うような旬の人、スポーツ選手や芸能人、学者、政治家、芸術家などが選ばれていますので、あなたの興味や知的好奇心も十分に満たしてくれるでしょう。

もう一つ、これによく似たサイトに**「日本記者クラブのホームページ」**(https://www.jnpc.or.jp/)があります。

このサイトでも、記者会見の模様を逐次、あるいは同時通訳つきで聴くことができます。オーディエンスは日本人記者ですから、外国人ゲストが呼ばれた際に通訳者がつき、英語から日本語に訳すパターンが基本です。

通訳者の日本語を一応の答えとして練習してみましょう。英語が聞き取れたか？　意味は取れたか？　プロの訳と聞き比べながら自己評価してみてください。

このサイトで一つ注目したいのは、登場する外国人スピーカーは英語ノンネイティブの人が多いということです。

現在、英語を母語としている人は世界で約5億人、一方、母語ではないが、実用的なレベルで英語を使っている人は、その4倍の20億人程度といわれます(英語で仕事をしている日本人も含まれます）。実際、私の経験でも、通訳するクライアントは、半数以上が英語ノンネイティブの人たちです。

したがって、このサイトに登場するスピーカーにしても、私のクライアントにしても、その英語は必ずしも流暢でないことも多いのです。しかし、彼らは懸命に話し、伝えようとします。実用的に十分意味は通じるし、熱意を感じます。

**現在、世界で使われている英語のマジョリティは、圧倒的にノンネイティブの英語です。**

ですから、私たち日本人も決して臆することはありません。そういう意味でも、このサイトをぜひご覧いただきたいと思います。

レベルによっては、少々チャレンジングなサイトかもしれませんが、英語学習に生の通訳場面を取り入れてみるのは、いろんな意味で非常に有効な方法だと思います。

さて、「元気ですか！　元気があれば何でもできる！」の英語訳です。このときは、次のように訳されていました。「Are you all energized? Do you have vitality? Because if you do have, it is possible to do anything.」。

場の雰囲気をとらえた、さすがにうまい訳だと思います。

### 読解——英語は読解が基本

その字のごとく、読んで、理解する勉強法です。一般的な読解学習の材料としては、英文学作品か、TIMEやThe Economistのような雑誌が考えられます。どちらも十分に読み応えがあります。

学習者の知識や英語のレベルにもよりますが、相当に難しい。それだけに、真剣に取り組めば力がつきます。

**読解学習は、自分の英語レベルに対して、難易度が高めのものを選ぶのがいいでしょう。**

私はどちらかというと、文学作品が苦手です。雑誌は、構成や文章のロジックが明快ですが、文学作品は必ずしもそうではありません。

理解するのにロジックが機能しない、そういうところが理科系脳の私は苦手です。

また、文化的、時代的な背景知識がないと理解が難しいのも文学作品の特徴です。


以前、大学の市民講座で英文学のコースを受講したことがあります。そこでは先生が、ディケンズやヘミングウェイの短編を受講生に読ませて解説してくれました。

そのときの印象は、これを日本人が一人で読むのは大変厳しい、というものでした。

それほど、先生の示された説明や解釈は奥の深いものでした。「そりゃわからんわ」と何度も一人ごちたことを思い出します。

このときの先生は、学長まで務められたアメリカ人で、社会学が専門でしたが、文学にも造詣が深く大変勉強になりました。


雑誌を使ったものとしては、「TIME を読む」（確かそんな名前だった）という通信教材をしばらく続けたことがありました。TIMEから抜粋した記事と、それに対する読み方の解説が書かれていました。

その当時は、知らない単語がたくさんあったし、構文を読み解くのにもけっこう時間がかかったと記憶しています。

世界で起こっているさまざまな政治、経済、社会問題の核心に触れ、論旨の整った文章に慣れ、時事関連の語彙を覚える——それには雑誌が最適です。

英語の勉強をしながら、世の中の動きにも敏感になれるので、知的好奇心が旺盛な人には取っつきやすいでしょう。

もう一つ、「読解」ということの意味を考えるうえで、貴重な示唆を与えてくれた本をご紹介します。

私が本書と出会ったのは定年後すぐ、ちょうど通訳の仕事をしはじめたころでした。楽しく読み進めながら、しかも英文読解の奥深さを教えてくれる本です。

☆**越前敏弥『越前敏弥の日本人なら必ず誤訳する英文』**(ディスカヴァー・トゥエンティワン)

日本人が訳を間違えやすい英文がいくつも紹介されていて、それぞれに著者の訳例と解説がついています。

まず、文例がすばらしい。「これは間違えてしまう!」というものばかり集められていて、読者は(相当に英語ができる人でも)著者のもくろみどおり(?)、見事に引っかかってしまいます。

そして、間違えることで、文法や構文の注意すべき点に気づかされることになります。一つひとつの文例に、推理小説の謎解きのような面白さがあります。

夢中になりながら、しかも見事に英語の学びにもなる。著者の長い学習経験と教授実績に裏打ちされた良書だと思います。

書中にあった、こんなに短い文章でも正しく訳すのは難しい、という例文を3つ紹介しておきます。

・Yesterday I met a novelist and poet.
・My hat has been sat on.
・His performance left nothing to be desired.

著者の答えはこちらです。

・きのう、小説家でも詩人でもある人物と会った。
・僕の帽子の上に、誰かがすわっている。
・彼の演技は、非の打ちどころがなかった。

いかがでしょう？　正解できましたか？　このほかにも誤訳しそうな文例がたくさん集められています。

最近の英語学習の傾向としては、読むことから、「聞き、話すコミュニケーション」に比重が移ったようです。しかし、英語の難しさや、難しさゆえの面白み、複雑な謎を解き明かしたあとのような達成感は、読むことの中に多くあるように感じます。難しい読解に挑戦することで、カジュアルな会話学習とは一味違う、大人の英語力が身につくのは間違いないと思います。

そのときに、できれば指導してくれる先生がいてほしい。さもないと、読み方が浅くなって、間違った解釈のまま過ぎてしまうおそれがあるからです。読解にフォーカスした市民講座や読書会など、ネットで探せばあなたの街にもあるのではないでしょうか？

ちなみに、私は英文学を読む読書会に参加していたこともあります。先生は、カトリックの神父さまで、元大学教授。先生の指導のもとで長編を何冊か読みました。自分一人ではとてもできないことだったと思います。

読解でもう一つつけ加えるなら、**「速く読めること」**もまた重要です。そのためには、やさしい教材を使って、速く内容をつかむ訓練がいいでしょう。

たとえば、ピーターラビットやハリーポッターです（レベルによっては少しタフかもしれません）。

やり方は、**極力辞書を使わないで読むこと。知らない単語があっても、前後の文脈から意味を想像しつつ、あらすじを追いかけること**。つまり、スピード感を持って物語の流れに乗ることです。

第2章でも登場したTOEICで何度も満点を取る友人は、ペーパーバックを200冊以上は読んだそうです。それも、読んでいるときは、辞書はいっさい使わないと言います。TOEIC試験では、いつも時間がたくさん余るそうです。

**このスピード感は、辞書を引かずに文脈からストーリーを追いかける読み方で培われたものなのでしょう。**

「内容の正しい解釈、深い理解に重きを置く精読」と「物語のあらすじを追って、展開を楽しむ速読」、どちらの読み方も大事です。「英語学習は読解が基本」というのは、昔も今も変わりないような気がします。

## 聴解――理解の確かめが大事

英語を単に聞き流すのと、内容を理解しながら聴くのとでは大きく違います。聞き流すだけでは、まったく意味がありません。

聴いて、内容は何だったのか理解できている（だから口で説明もできる）ようでないといけません。それができて初めて、聴解訓練をしたことになります。

ですから、聴解練習をするのであれば、あとで自分の理解が確認できるよう、答え、つまり原稿があることが必須要件です。

そして、自分のレベルに合ったものを使いましょう。一度聴いてすぐにわかるようではやさしすぎます。反対に、何度聴いてもさっぱり、というようでは難しすぎてNGです。

**何回か聴いたらだいたい意味はわかったけれど、依然としてわからないところが何か所か残るぐらいがちょうどいいレベルです。**

**最後までわからなかったところは、原稿を見て確認しておきます。**くれぐれも、聞きっぱなしにしないことです。

聞き取れなかったところを、何度も原稿と照合して聴く、そしてここでも単語、表現を単語帳にインプットしておくことを心がけましょう。それはやがて、必ず財産になっていきます。

ここでは私が長い間、愛用していたサイトをご紹介します。

①　まず、ホワイトハウスのホームページの中にあった**「Your Weekly Address」**のサイト（https://obamawhitehouse.archives.gov/briefing-room/weekly-address）です。

アクセスすると、オバマ大統領（当時）の演説ビデオを見ることができます。Address というのは「formal speech」のこと、つまり「Your Weekly Address」で、「国民に向けた今週の演説」ということです。

大統領がその週の出来事のハイライトを、3分程度のメッセージにまとめて国民に届けています。サイトでは、動画の原稿を見ることもできます（原稿があることが聴解教材の必要条件でしたね）。

このサイトは、聴解訓練として、いろんな使い方ができます。演説を最後まで全部聴き、そのあと原稿を読んで大意の理解度を確認するもよし、一文ずつ聴いては確認して進めるもよし、パラグラフごとで区切って理解確認してもよし。

一度聴いて無理なら、わかるまで何度も聴く、原稿を見ずに聴く、最後は原稿を見ながら聴く……、やり方はレベルやニーズ、そのときの気分に応じて自由自在です。

**まず、全体を聴いて大意を把握し、その後で、聞き間違えたところ、聞き取れなかったところを、原稿を見ながら確認するという流れがおすすめです。**

オバマ大統領の発音は明瞭ですし、なにしろ大統領の演説ですから、話題、内容、構成、話し方、どれをとっても参考になります。

② ニュース番組も、聴解訓練にはいい教材になります。BBC、CNNなどいろいろありますが、ここでは**「PBS（Public Broadcasting Service）」**のニュースサイト（https://www.pbs.org/newshour/）をご紹介します。

このサイトがいいのは、原稿が揃っていることです（ニュースサイトには原稿のないものが多い）。したがって、理解の確認ができますし、語彙を確認して単語帳に取り込むのも容易です。

もちろん、聴き、読むことで、ニュースを通して世界の動きにも敏感になれます。

ニュースでは、日本のものも、聴きやすい(理解しやすい)という点でお勧めできます。

聴きやすい理由は、1つには聞く前からその内容をすでに知っている場合が多いことがあります(日本語ニュースや新聞で情報を得ているから)。つまり、持てる知識を頼りに、英語理解を進められるのです。

2つ目は、アナウンサーが日本人である場合が多く、日本語なまりのある英語になじみがあり、スピードもさほど速くないことがあります。

3つ目は、大きなニュースだと数日間にわたって同じ話題が何度も取り上げられるので、その間に知識が増え、関連語彙も聴き覚えてしまうことです。

たとえば、総選挙があると、国会、衆議院、自民党、小選挙区、比例区、与党、野党などの単語が再三出てくるので、続けて聴いていると記憶に定着しやすいのです。

ちなみに日本のニュースは、NHKの2か国語放送や、後述のアップルPodcastで視聴できます（ただし、残念ながら原稿はありません）。

③ 次に紹介するのは、講演を聴いてリスニング力を鍛える**「テッドトークス」**(https://www.ted.com/talks)です。

これは、TED（Technology Entertainment Design）という団体が主催しているさまざまな講演会で、その内容がネット上で公開されているものです。

毎回、面白いトピックが、それにふさわしい人物によって講演されています。クリントン元大統領やU2のボノといった著名人も、数多く講演者として登場しています。原稿もサイトで見ることができますし、親切なことに、今どこを話しているのか、アンダーライン表示までしてくれます。内容の濃い講演を楽しみながら、英語を聴き、読むことのできる非常に学習価値の高いサイトです。

④　もう少し一般的で難易度が選択できるものを、という方には、**「ＮＨＫの英語番組」**(https://www2.nhk.or.jp/gogaku/index.html）がいいでしょう。初級から上級までプログラムが豊富なので、自身のレベルに合ったものが選べます。

私は、ラジオでは杉田敏先生の「やさしいビジネス英語」（実際はちっともやさしくありませんでした）や、遠山顕先生の「英会話入門」を長く聴いていました。テキストは、毎月書店で買っていましたが、内容的にも使いやすさの面でも、非常によくできたものでした。

テレビでは、ＮＨＫ教育放送で小松達也先生の「英語会話Ⅲ」を毎週楽しみに観ていました。ホスト役の小松先生が、スタジオに呼ばれたゲストにインタビューする形式の番組で、トピックの選定がすぐれていたことに加え、先生の明快な英語と巧みな話の引き出し方がとても心地よかったことを覚えています。毎回、テープに録って、ウォークマンで何度も聴いていました。

**ＮＨＫの英語番組は、今ではインターネットからの視聴も可能です。**学習環境は、私のころに比べると格段に改善されています。

⑤ **TOEICの団体が発行している書籍やサイト**も、ベーシックで汎用性の高い学習教材として使えます。

私がTOEICテストにチャレンジしていたころは、公式問題集と付属のCDで受験の準備をしたものですが、最近はそれらに加えてオンラインの学習サポートツールも充実しています。

たとえば、TOEICの公式アプリなどは、初中級向けのリスニング教材には打ってつけではないかと思います。

取り上げられているトピックや発音、スピード、単語など、いずれも汎用性の高いものが選ばれていますし、聴き取りポイントや文法の解説もありますので、英語の基礎を固めるのによい教材だと思います。

**⑥ Podcastには、数多くの英語コンテンツが用意されていますので（無料のものも多い）、英語学習の強い味方になってくれます。**

聴解訓練は、単語学習やサイトラ、イメトラ同様、すき間時間での学習がやりやすいものです。近年は、スマートフォンなどの携帯端末やiPodなどの音楽端末が広く流通していますので、これらを英語学習に有効活用しない手はありません。

私は一時、iPodにお気に入りのPodcast作品をいくつもダウンロードしていました。先に紹介したオバマ大統領の「Your Weekly Address」もPodcastの中にありましたので、iPodに入れて、ホワイトハウスのサイトからコピーした原稿と一緒に、外出のときには持ち歩いていました。

ここでは、私が実際に使ったことがあるリスニング教材をご紹介してきましたが、ネット社会の今、その気になって探せば、ほかにもよいものがいくらでも見つかるはずです。

もう教材に困ることはありません。あとは、自分に合った教材を選び、携帯端末や音楽端末にダウンロードして原稿と一緒に持ち歩き、何度も聴いて慣れることです。

最後に、聴解は決して難しくはない、という話題を二つ。

通訳の仕事をしていて、日本人のクライアントの方から、ときどき「聞く方はだいたいわかりますので、話す方だけ英語にしてください」と言われることがあります(その逆、つまり「話す方は大丈夫ですので、英語は訳してください」というのはありません)。

これは、自分の専門(仕事)に関してなら、単語レベルのものがある程度聞き取れたら、持てる知識を駆使することで、相手の言うことが理解できるということを意味しています。

**知識があれば、リスニングはスピーキング以上に楽なのです。**

もう一つ。「通訳訓練」のところでも申し上げましたが、英語母語者はわずか5億人です。それ以外に、中国人の英語、インド人の英語、ブラジル人の英語、ロシア人の英語……と、今や母語でない人が話す英語が世界中にあふれています。

このような状況下では、英語教材でブリティッシュ・イングリッシュやアメリカン・イングリッシュが聞き取れるようになったとしても、仕事で出会う中国人やインド人のなまりの強い英語は聞き取れないことも多いのです。

私も通訳の仕事をしていて、お国なまりの英語にはほとほと困ることがあります。リスニングが弱い（ネイティブスピーカーの英語が聞き取れない）と悩むこと自体、グローバル言語としての英語においては、もはやあまり意味のないことかもしれません。

そう思って気楽に聴解力アップに励んでください！

## 作文——フィードバックをもらう

英語の4つの能力（読む、書く、聞く、話す）の中で、練習機会をつくるのが一番難しいのが「書く」でしょう。

確かに、普通は自分で英文を書く機会は少ないし、書くことに自信のない人は多いように思います。実際、相当話せる人の書いた文章を見て、会話力と作文力のギャップに驚かされることもあります。

なぜ、書く力を身につけるのは難しいのでしょうか？

一番の理由は、書いた結果の検証ができない場合が多いからだと思います。せっかく書いても、間違いの指摘や改善のアドバイスがもらえないようでは、気づきも学びも得られません。

初中級レベルの英作文なら、日本人のマスターやメンターに助けてもらいましょう。上級レベルでは、やはりネイティブからの指摘や指導が欲しいところです。

私は通訳のほか、時に翻訳の仕事もしますが、日英翻訳の場合には、日本人翻訳者が翻訳した原稿に、英語母語者のチェック（プルーフリーディング）が入るのが普通です。翻訳に要する時間も、同じページ数なら日英は英日よりもはるかに長くかかります。

このように、非母語者にとって外国語での作文はハードルが高いのです。

読解のところでご紹介した市民講座の教授は、受講生に英語でエッセイを書くことを勧めてくれました。そこで私は、毎週500ワード前後を書いて添削を受けるようにしました。

朱がいっぱい入っていたこともありますし、最後のころには、直すところがなかったと言ってもらったこともあります。先生の朱が入る箇所や指摘内容で、自分の書く力が、英語母語者にどのように映っているのかが感じられて大変参考になりました。

まだ会社勤めで愛知県に住んでいたころには、市の広報誌をボランティアで日英翻訳していたことがあります。ボランティアといえども公的な広報資料ですから、英語母語者のプルーフリーディングが入ります。

私には、そのフィードバックがいい勉強になりました。一生懸命書くと、疑問に思っていた箇所への指摘がよく理解できるのです。

作文力強化の一番の力となるのは、やはり仕事です。私の場合は、クライスラーとのやり取りの中で、おびただしい数の英文メールを書き、資料を作成しました。仕事で使うこと、書くことに慣れることが、一番力になったと思います。

文法的にいつも正しいものが書けていたかは疑問ですが、**書き続けることで力がついたのは間違いありません。**

仕事の軸を一本通し、それを補完するようにマスターやメンター、あるいはネイティブの力が借りられるサポート環境を整備しておく。書くという困難な作業には、仕事のモチベーションとプラスアルファの工夫が欲しいところです。

最後に、作文力を高めるのに有効な方法について触れておきます。それは読むことです。

**読むことと書くことは、インプットとアウトプットの関係です。**十分なインプット（読むこと）があって、はじめて満足なアウトプット（書くこと）が出せます。

読解のところで述べたことを実践すると、おのずと書く力も向上します。たくさん読んで、広く書く機会を求めていく（できれば仕事の中に）、そうすれば力がついていきます。

## 音読――スピーカーになりきる

突然ですが、みなさんはお寺がお好きですか？　たとえば、禅寺へ行くと般若心経が、浄土系のお寺へ行くと南無阿弥陀仏が、法華宗なら南無妙法蓮華経の読経が聞こえてきます。

お堂に座ってその声を聴いていると、なんとも心地よい気分になってくるものです。ましてや、一緒になって唱和しはじめると、自分自身が声明に同化していくような境地になってきます。

別の例でいうなら、カラオケで自分の歌声に酔っているあなた自身を想像してみてください。実に気持ちのいい状態にあるでしょう。

声明念仏の中にある恍惚感、熱唱の中にある陶酔感。音読には、そうしたものと共通する心地よさの効用があるように思います。

音読とは、英文を文字どおり音（声）に出して読むことです。そうすることで、英語力をつけようという学習法です。心地よいことが眼目ですから、**題材選びがまず重要です。**その観点から、音読用題材選びのポイントをあげておきます。

**① 有名なスピーチであること（覚えてしまうぐらいの価値があること）**
**② スピーカーにカリスマ性があること（まねしてみたい気になること）**
**③ スピーチの内容に説得力があること（自分が確かにそうだと思えること）**
**④ スピーチの内容が感動的であること（感情移入しやすいこと）**
**⑤ 原稿とオリジナルの音声があること**

こうした選定基準で選ぶと、音読にふさわしい教材は限られてきます。

そこで、音読スピーチのネタ探しに便利なのが、「**American Rhetoric Top 100**

**Speeches（アメリカの名スピーチ１００選）」**（https://www.americanrhetoric.com/newtop100speeches.htm）です。

ここには、アメリカのさまざまな名スピーチの音声や映像が、原稿とともに収録されています。たとえば、「Top Speeches by Rank」（１９００年から１９９９年のランキング）を見てみます。

第1位は、**「キング牧師の I Have a Dream スピーチ」**。クリックするとスピーチが流れ、同時に原稿も見ることができます。

私はかつて、キング牧師のこの演説を、百数十回は音読しました。毎回、大群衆を前に演説しているキング牧師になったつもりで、大声を出してやっていました。

有名な「I have a dream」が何度も繰り返される箇所などは、師の語り口をまねながら、たたみかけるように「I have a dream」、「I have a dream」とやったものです。

ぜひ、みなさんも気持ちを込めて次のスピーチの一節を読んでみてください。

I have a dream that my four little children will one day live in a nation where they will not be judged by the color of their skin but by the content of their character. I have a dream today!

そうすると、実に不思議なもので、たかが音読とはいえ、感情移入が高じてなんとも高揚した気分になってくるのです。こうした訓練の中から、英語独特のリズム、強弱、抑揚、間といった話し方が身につきます。

第2位には、**「J・F・ケネディ大統領の就任式での演説」**がランクされています（注：このサイトでは、動画が途中で終わっていますが、「JFK」と「inaugural address」でグーグル検索すると YouTube が出てきます）。

ケネディ大統領のスピーチにも、よく知られたフレーズがあります。例の、「国が何をしてくれるかではなく、国のために何ができるかを考えようではないか」です。

And so, my fellow Americans, ask not what your country can do for you; ask what you can do for your country.

ここも、気持ちを込めてまねるのです。理想に燃えた若い大統領になったつもりで！

なお、このサイトには比較的新しいスピーチも収録されています。なかでも、**「2004年民主党、党大会でのオバマ大統領のスピーチ」**（当時のオバマ上院議員が注目されるきっかけになったスピーチ）や、**「アップル創業者スティーブ・ジョブズの2005年スタンフォード大学卒業式でのスピーチ」**なども聴いておきたいところです。

私は、このジョブズのスピーチも音読の教材に使っていました。キング牧師のスピーチ同様、こちらもすばらしいスピーチで、気持ちを込めて音読していると本人と同化したような気分になってきます。

3つの主題からなる明快な構成。内容の深さと説得力。まずは、しっかり読み込んで、彼のメッセージを自分のものにする。そして気持ちを込めて音読です。

立ち上がって、ジョブズになったようなつもりでやりましょう！「音読って気持ちいいなあ！」、そう思えてくるはずです。

**ディクテーション——徹底的に聴く**

英語を聴いて書き取る訓練です。ポイントは、「聞いて単に理解しました」で終わるのではなく、**実際に書き取ることです。**

「音読」の項でご紹介したスティーブ・ジョブズのスピーチに関して要領をお話しします。

ジョブズのスピーチへは、先ほどのサイト（アメリカの名スピーチ100選）からもアクセスできますが、ここでは本家スタンフォード大学のサイトの方をご紹介しておきます。

Stanford University のホームページに入って、Steve Jobs で検索すると、すぐにこのページが出てきます。

https://news.stanford.edu/2005/06/12/youve-got-find-love-jobs-says/

さて、具体的なやり方です。動画をクリックすると、すぐにスピーチが始まります。まず、「Thank you.」から始まって、「I am honored to be with you today for your commencement from one of the finest universities in the world.」と言っています。

これを、原稿を見ないで書き取ります（原稿は本サイトにあります）。わかるまで、何度でも聴く。**原稿は最後の最後、もうダメというまで見ない。**

そこまで聴いたら、原稿を見て自分の書いたものと比べます。間違えたところは聴き直す。原稿を見ながら納得できるまで、何度も聴いてください。

Stanford | News

Home Find Stories For Journalists Contact

JUNE 12, 2005

'You've got to find what you love,' Jobs says

This is a prepared text of the Commencement address delivered by Steve Jobs, CEO of Apple Computer and of Pixar Animation Studios, on June 12, 2005.

I am honored to be with you today at your commencement from one of the finest universities in the world. I never graduated from college. Truth be told, this is the closest I've ever gotten to a college graduation. Today I want to tell you three stories from my life. That's it. No big deal. Just three stories.

The first story is about connecting the dots.

I dropped out of Reed College after the first 6 months, but then stayed

Stanford Video

Steve Jobs' 2005 Stanford Commencement Address

時には、音声と原稿との間に齟齬があるのを発見することもあります。

たとえば、ここにあげた箇所では、音声では「for your commencement」と言っているのですが、原稿では「at your commencement」となっています。このように、原稿との違いに気づくほど徹底的に聴きます。

**くれぐれも、聞き取れないところをそのまま放置しないこと。**どうしてもわからないところは、前後の文脈からの推定や文法知識も駆使して、とにかく書き取りを完成させます。

ディクテーションをすることで、冠詞や三人称単数現在の「s」、音の弱い前置詞など、普段はいいかげんになりがちな、細部への注意力が培われます。

難点は、いちいち書き取るので時間がかかることです。私の場合は、通訳学校に通っていたときに、毎週の宿題にディクテーションがありました。

確かに、宿題をやっつけるのに時間はかかりましたが、聞き取れない箇所を何とか処置する、細部にまでこだわって聴く、という点ではためになったと思います。

スタンフォード大学のサイトをご紹介しましたので、大学のホームページをもう一つご紹介しておきます。今度はハーバード大学です（http://justiceharvard.org/）。日本でも書籍やテレビで評判になった、**マイケル・サンデル教授の「Justice」の講義**の様子です。原稿がないので理解の確認はできませんが、ハーバードの講義がオリジナルヴァージョンで聴ける貴重なサイトです。ご覧いただくと、エピソード1のはじめからサンデル教授の授業に引き込まれることでしょう。

随所に笑いもあり、学生参画型の実に巧みな講義です。内容的にも、アメリカの大学の講義を知るという意味でも、大変参考になります。

### シャドーイング——耳・口・脳を総動員

次はシャドーイング。通訳訓練でよく出てくる練習法です。

英語で書くと「shadowing」。shadowには「(影のように)つきまとう」という意味があるように、この訓練では**教材の英語を聴くやいなや、即座に同じことを声に出して繰り返します。**

最初に聞こえるオリジナルの英語音声が「実体」、それに反応して出る学習者の英語が「影」というわけです。

先ほどのスティーブ・ジョブズのスピーチで実際にやってみましょう。動画を見てください。

スピーチの内容は3部の構成になっていると言いましたが、その3つ目、彼が死について話す感動的な箇所を聴いてみましょう。

全体15分ほどのスピーチの12分30秒あたりのところ、原稿では次の箇所です。

Your time is limited, so don't waste it living someone else's life. Don't be trapped by dogma, which is living with the results of other people's thinking. Don't let the noise of others' opinions drown out your own inner voice. And most important, have the courage to follow your heart and intuition. They somehow already know what you truly want to become. Everything else is secondary.

ジョブズの生き方を象徴する内容であると同時に、社会へ巣立つ奇才たちに向けたすばらしいメッセージです。

ご参考までに、意訳ですが拙訳を書いておきます。

　人に与えられた時間には限りがあります。その大切な時間を、他人の考えに左右されて無駄にしてはいけません。定説にとらわれてはいけない。人の意見であなたの心の声がかき消されるようなことがあっては断じてならない。最も大切なことは、あなたの心の声、直感に素直に従う勇気を持つことです。自分が何になりたいのか、一番よく知っているのはあなた自身の心です。それ以外のことは、大したことではありません。

シャドーイングのやり方は、**動画から音声「Your time is limited」が聞こえるやいなや、それにほとんどかぶせるように、同じことを声に出してついていきます。**

以下、次の文も同様に、遅れることなく「so don't waste it living someone else's life」と続けてシャドーしていきます。

いくつか、特徴と留意点をあげておきます。シャドーイングでは、話者の発話と間を置かないので、英語を記憶する負担はありません。

しかし、同じことを話さなければならないので、聴く集中力は維持されます。間髪入れずに続くので、発音、リズム、強弱、抑揚など、話者の語り口がそのままねできます。

5分、10分と続けると、舌の動きが滑らかになり、口周りの筋肉もほぐれて、英語が話しやすくなったように感じます。

**訓練としては、単に音を記号として追いかけるのではなく、意味の理解も同時に進めるよう心がけてください。**意味もわからずにシャドーしないことです。

通訳者の先輩で、仕事の前の口慣らしに使うシャドーイングの材料を決めている方がいらっしゃいました。現場に出る前には、いつもその素材でシャドーイングをし、口を滑らかにしておくのだそうです。

私は、このジョブズのスピーチのほか、オバマ大統領の「Your Weekly Address」やキング牧師の「I Have a Dream」をよく練習に使いました。

シャドーイングに慣れていない方は、先に紹介したＮＨＫやＴＯＥＩＣの教材の中から、スピードが比較的ゆっくりで、負荷の低いものを選んではじめるのがいいでしょう。

**一般的な学習においては、かける負荷を上げれば効率が上がります。**そのためには、感覚や器官をできるだけ多く動員するのがいいでしょう。

たとえば、聴解は主として耳と脳が働いているのに対し、ディクテーションでは耳と脳にプラスして手が、シャドーイングなら耳と脳にプラスして口が働いているという感じです。

音読なら、ただ読むだけ（目と口）よりは、立ち上がって身振りを加えながら（身体）、感情を込めて（心）、読んだ方がより効果的です。

ただ、現在の力を無視して過大な負荷をかけても長続きしませんし、そもそも練習に取りかかる気持ち自体がなえてしまっては元も子もありません。

**無理をせず、できれば楽しくやれる程度の負荷がちょうどいいです。**一番重要なことは、長く続けられることですから。

## リプロダクション――負荷マックスの練習法

「リプロダクション」（reproduction）とは「再生」のこと。つまり、テープレコーダーの再生と同じように、**聴いたことを記憶して、そのとおりに再現して話す**、ということです。これも、通訳者がしばしば使う訓練方法です。

リプロダクションでは、再生する長さにもよりますが、練習にかかる負荷は一般的に相当高くなります。

やり方はシャドーイングと似ているのですが、決定的に違うのが、聴いてから話しだすまでの遅れ時間の長さです。

シャドーイングの場合は、「間髪を入れず」でしたが、リプロダクションの場合には、文章を全部聴いてから、場合によっては1つのパラグラフを聴き終えてから、初めて話しはじめるのです。

ということは、**一文、あるいは1パラグラフ全部を記憶しないといけない**ということとです。短期記憶の質が問われるのです。

ジョブズのスピーチの例なら、最低でもはじめの文「Your time is limited, so don't waste it living someone else's life.」を聴き終えてからでないと、話しはじめない。つまり、この文を聴くと同時に、記憶している必要があるのです。そうでないと再生はできません。

2つの文をリプロダクションするのなら、「Your time is limited, so don't waste it living someone else's life. Don't be trapped by dogma, which is living with the results of other people's thinking.」までを聴いて（記憶して）から話しはじめます。

1パラグラフともなれば、先にあげた6つの文すべてを記憶するという、とんでもないことになります。

厳密に言うなら、聴いたとおりに正確に、ということになるのですが、長くなってくると、完全に再生するのは不可能です。したがって、一文なら正確に、長くなってきたら表現は多少変わっても、大意を逃さないように再生できればよしとします。6文あるこのフレーズを、初見で聴いて、大意を逃さずリプロダクションすることは、至難の業です。

しかし、日本語訳の方を初見で聴いた場合にはどうでしょう？　日本語を聴いて、日本語で出す。それなら、大意を逃さないレベルの再生ができるのではないでしょうか？

そのレベルが、英語でのリプロダクションで最終的に目指すべきレベルです。日本語なら再生しやすいのは当然です。母語には、文法力、語彙力、リスニング力など、言語能力のすべてにおいて大きなアドバンテージがあるのですから。

英語コミュニケーション力の四角形、その縦辺（英語力）の力が強く求められるのが、リプロダクションです。負荷は高いが（高いからこそ）、英語力の総合的伸長に有効な方法なのです。

私は、定年後プロ通訳者として活動しはじめてから、オバマ大統領の「Your Weekly Address」を使ったリプロダクション訓練を、ほとんど毎日2年間以上続けました。

それでも、「正確」に「長く」ということにこだわると、それは非常に高いハードルでした。正確に再生できる文の長さを少しでも長くすること、それは定年後通訳者の永遠の目標です。

最後に一つ、リプロダクションにおける知識の効用を指摘しておきます。次の文章なら、初見で聴いても、随分長くても、非常に速く話されても、ほぼ完ぺきに再生できます。

My name is Shinichiro Tashiro. I was born in Osaka in 1950. I worked for a ship-building and engineering company for twelve years and a car company for more than twenty years. Now I am an interpreter. My hobby is ……

いかがですか？　これなら簡単だろうということは、容易に納得いただけると思います。知識があれば（自分のことや仕事のことなら）、リプロダクションもやりやすいのです。

英語コミュニケーションの四角形、やはり縦辺も横辺もどちらも大事だということですね。

## 実践トレーニング――リアルな練習場

ここまで、さまざまな学習法を紹介してきましたが、読解も聴解も、シャドーイングもリプロダクションも、これらはすべて基本的に一人でやるものです。

勉強というのは、本来孤独に耐えてやるものだとはいうものの、英語を学ぶ一番の目的がコミュニケーションであるならば、具体的な実践の場が欲しいものです。

特に、コミュニケーションの中心である「聞く」「話す」については、実際に相手がいる場でのトレーニングを学習メニューの中に加えたい。

一人こつこつと積み上げてきた努力の成果を試す場所、今後の学習へのフィードバックを得るところ、継続への刺激や励ましをもらえる機会、そうした実践の場が欲しいところです。

そこで私のおすすめは、**勉強会や同好会とよばれる学習者の集まり**です。私は、30歳のころに先輩に誘われて入った社内英会話サークル以降、しばしばこうした集まりに参加してきました。

最後に、具体的に少しご紹介しておきます（注：参照のウェブサイトはアップデートされていないものもあります）。

**☆京都英語同好会**（https://www.hellow-jafl.com/）

自動車会社に転職し、京都に住んでいたときに参加していた勉強会。英会話学校のオーナーの主催です。

活動の中心は、外国人を交えたディスカッション。現在のホームページではJAFL英会話となっていますが、その前身が私が通っていたころの同好会です。

**☆瀬戸英語ボランティア・グループ**

(https://sev-web.jimdosite.com/)

転勤で愛知県に引っ越してから、しばらく所属していたのがこの会です。勉強会、講演会、ボランティア通訳など、さまざまな活動がありました。

瀬戸という土地柄から、外国人陶芸家の通訳をする貴重な機会にも恵まれました。

**☆小牧イングリッシュ・ワークショップ**

これも愛知にある勉強会です。毎回外国人ゲストを呼んで、あらかじめ決めたテーマについて議論します。メンバーは、みなさん社会経験が豊富で、英語以外でもいろいろな学びがもらえました。

ここでは、私が経験したものだけの紹介にとどめますが、このようなグループは、全国津々浦々に数多く見受けられます。その気になれば、ネットで、雑誌で、口コミで見つけられると思います。その多くが、会員による自主運営で、内容は英語でのディスカッションを主体としたものが多いようです。

勉強会の活用方法としては、漫然と所属し、単に顔を出すだけの場所にはしないことです。**英語能力の向上を目的にするのであれば、あくまでトレーニングの場としてとらえ、実践することが必要です。**ディスカッションをするのなら、その日のテーマについて事前に調査し、関連語彙の単語帳をつくってクイックレスポンス、内容に関してのサイトラ、イメトラなどの準備をきちんとしていくことです。

勉強会や同好会には、さまざまな経歴や職業の人たちが集まります。年齢や性別もまちまちですが、人生に前向きで、魅力ある人が多いように思います。私自身も、このような集まりでの出会いから何人もの友人を得ています。

英語の学習のみならず、ともすれば、なえてしまいそうになるモチベーションを維持するためにも、また純粋に同好の人たちとの楽しい語らいの場としても、積極的に勉強会や同好会の場を見つけて活用してください。必ず、元気・やる気・刺激がもらえますから！

# エピローグ

60歳で職業通訳者の道に入ったとき、それが定年後の仕事になり得るという目算があったわけではありません。やっていけるという自信も確信もありませんでした。

実際、アドバイスを受けた方の中にも、否定的な意見の人は多かったのです。

最近、あるエージェントを訪ねたときにこう言われました。

「はじめてうちに登録にお越しになったとき、失礼ながら、これから通訳者になるというのは、いくらなんでも無理だろうと思っていました。でも、最近のご活躍を見ていると、私の見込み違いだったようです」

今でも私は、英語にコンプレックスがあります。プロ通訳者のレベルでのコンプレックスですが、まだまだリスニングが弱いし、文法のミスも多い。一応、英検1級、TOEIC満点ではありますが、この業界では英語ができる人など、ごまんといます。しかし、クライアントに喜ばれるという意味では、英語が得意な通訳者さんにも、引けをとらないと自負しています。その理由は、私には自動車の技術やビジネスの知識があるからです。

本書で繰り返し述べてきたように、**コミュニケーション力は決して英語力だけで決まるものではないのです。**

会社生活の中では日常だった、技術やコスト、品質の知識はもとより、会社の仕組みや仕事の進め方、人事や総務の知識までもが、今の通訳の仕事でどれほど支えになっていることか。

仕事の知識以外でも、入念な準備をする習慣や、気持ちのよい挨拶、メールや電話へのクイックなレスポンス、場の空気を読む力などなど、**会社生活で身についたことは実に多いし、それらはどこへ行っても、何をしても生きてくるのです。**

会社で鍛えられた人には、本人が知らないうちにこうした力がしっかり身について
います。

その意味では、「英語コミュニケーション力」は「英語力」と「知識＋人生経験」のかけ算だと言ってもいいのかもしれません。会社の仕事やサラリーマン時代の経験が、これほど役に立つとは、私自身も通訳者になるまでまったく考えたことがありませんでしたから。

私が本格的に英語に取り組んだのは50歳からです。それでも英語は身につきました。すべての中高年サラリーマンが、仕事を通じて英語を身につけたとしたら、日本の企業も国も大きく変わるだろうと思います。なにしろ、知識と経験のある、仕事ができる英語使いがいっぱい誕生するのですから。

それは決して、夢物語ではありません。仕事を取っかかかりに始めることで、英語のハードルはぐんと低くなります。

仕事の中で、単語を覚え、書類をサイトラし、情景をイメトラし、実際にリアルな現場で使う。英語ができる高齢者だらけになるかもしれません！

エンジニアが、法律家が、医療従事者が、財務の専門家が、芸術家が、自分の仕事から英語に取りかかる。戦後の経済成長を支えてきた私たち老年（？）世代も、現役バリバリの中年世代も、勤勉さと優秀さを引き継ぐ若い世代も、自身の専門分野、得意分野で、英語を身につけることをぜひ進めてほしいと思います。

持てる知識や経験を生かして、仕事を通じて英語を身につける。それが最も合理的で、最短の道であると信じます。

それでもなお、英語の習得に安易な道はありません。結局は、努力を続けることです。続けることで、その先にあるものが初めて見えてくるように思います。

本書が少しでも、みなさんのお役に立つことを願ってやみません。

明日死ぬと思って生きなさい。永遠に生きると思って学びなさい。

マハトマ・ガンジー

本書の企画、執筆、編集にあたっては、ディスカヴァー・トゥエンティワン編集部の三谷祐一氏に、多くの励ましと適切なる助言をいただきました。厚く御礼を申し上げます。

また、これまでにさまざまな形でご厚情をくださった先生方、会社の先輩、同僚、通訳学校のクラスメート、通訳仲間、友人のみなさん、お世話になったみなさま方、そして家族、すべての方々に深く感謝申し上げます。

著者

本書は2015年に弊社より刊行された『「英語が話せない、海外居住経験なしのエンジニア」だった私が、定年後に同時通訳者になれた理由』を改題、再編集したものです。

人生100年時代BOOKS 002

# 定年英語

英語が話せなかったサラリーマンが なぜ定年後に同時通訳者になれたのか

発行日 2023年2月17日 第1刷

Author 田代真一郎
Illustrator 髙柳浩太郎
Book Designer カバー：井上新八 本文フォーマット：chichols

Publication 株式会社ディスカヴァー・トゥエンティワン
〒102-0093 東京都千代田区平河町2-16-1 平河町森タワー 11F
TEL 03-3237-8321（代表） 03-3237-8345（営業）
FAX 03-3237-8323 https://d21.co.jp/

Publisher 谷口奈緒美
Editor 三谷祐一 伊東佑真

Marketing Solution Company
小田孝文 蛯原昇 谷本健 飯田智樹 早水真吾 古矢薫 堀部直人
山中麻吏 佐藤昌幸 青木翔平 磯部隆 井筒浩 小田木もも 工藤奈津子
佐藤淳基 庄司知世 副島杏南 滝口景太郎 竹内大貴 津野主揮 野村美空
野村美紀 廣内悠理 松ノ下直輝 南健一 八木眸 安永智洋 山田諭志
高原未来子 藤井かおり 藤井多穂子 井澤徳子 伊藤香 伊藤由美
小山怜那 葛目美枝子 鈴木洋子 畑野衣見 町田加奈子 宮崎陽子

Digital Publishing Company
大山聡子 川島理 藤田浩芳 大竹朝子 中島俊平 小関勝則 千葉正幸
原典宏 青木涼馬 榎本明日香 王廳 大﨑双葉 大田原恵美 佐藤サラ圭
志摩麻衣 杉田彰子 舘瑞恵 田山礼真 中西花 西川なつか 野﨑竜海
野中保奈美 橋本莉奈 林秀樹 星野悠果 牧野類 宮田有利子 三輪真也
村尾純司 元木優子 安永姫菜 足立由実 小石亜季 中澤泰宏 森遊机
石橋佐知子 蛯原華恵 千葉潤子

TECH Company 大星多聞 森谷真一 馮東平 宇賀神実 小野航平 林秀規 福田章平

Headquarters 塩川和真 井上竜之介 奥田千晶 久保裕子 田中亜紀 福永友紀 池田望
石光まゆ子 齋藤朋子 俵敬子 宮下祥子 丸山香織 阿知波淳平
近江花渚 仙田彩花

DTP 朝日メディアインターナショナル株式会社
Printing 中央精版印刷株式会社



ISBN978-4-7993-2928-3 